Philipp Wagner

Psalm der 91. von Sterbensläufften

Philipp Wagner

Psalm der 91. von Sterbensläufften

ISBN/EAN: 9783744703239

Hergestellt in Europa, USA, Kanada, Australien, Japan

Cover: Foto ©ninafisch / pixelio.de

Weitere Bücher finden Sie auf **www.hansebooks.com**

Den Erbarn

wolweisen vnd vorsichtigen Herrn Bürgermeister vnd Rath zu Pegaw / Meinen günstigen lieben Herren vnd freunden.

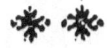

GNad vnd friede von GOTT dem Vater / durch vnsern einigen Heyland vnd Seligmacher JHesum Christum/ neben entbietung meiner willigen dienste / vnd wündschung eines glückseligen newen Jars zuuor / Erbare / vorsichtige Herren vnd Freunde / Da vnser lieber Herr Jhesus Christus / in seinem Wandel auff Erden ein mal gen Nazaret in sein Vaterland kam / thet er

A ij

er daselbs seinem Vaterlande zu ehren ein Schulrecht/ vnd lies sich hören mit auslegung eines herrlichē Spruches aus dem Propheten Esaia am 61. Capitel/ Dann im auffschlagen des Buchs kam er eben auff diesen spruch der also lautet: Der Geist des HErrn ist auff mir/derhalben er mich gesalbet hat/ zuuorkündigen den armen hat er mich gesand/Zuheilen die zuschlagenen hertzen/ Zu predigē den gefangenen eine erledigung/ ꝛc. Solchen Spruch beschlos er mit dieser rede: Heute ist diese Schrifft erfüllet in ewren ohren/ꝛc. Für solche predigt haben wir dem Herrn Christo nicht allein dieser vrsach halben zu dancken/ das er vns diesen schönen Spruch ausleget/vnd seine Person vnd Ampt vns auffs aller lieblichste darinne abmalet/ Sondern das er vns auch hiemit ein Exempel gibt / das auch

wir

wir schuldig seind/ vnserm Vaterland
die rechte Seligmachende erkentnüs
Jhesu Christi fürzutragen/ damit dieselbe auch bey onsern Landsleuten /
müge ausgebreitet werden/ Welches
auch die gröste ehre/ vnd der fürnem-
ste dienst ist/ so wir vnserm Vaterland
vermügen zu erzeigen/ wie dann Gott
darumb Stedte hat lassen zusammen
bawen / *Vt alios alij de relligione doce-*
rent, das eins das ander von der rechten Lere vnterweisete. Wiewol aber
mein liebes Vaterland von Gott one
des mit trewen Predigern vnd Seel-
sorgern dermassen versehen/ das man
meines leerens aldo leichtlich entra-
then köndte/ jedoch habe ich mich hierinne mehr meiner schuldigen pflicht/
dann was andere von mir erfordern
möchtē/ erinnern wollen. Vnd dancke
zum ersten meinem lieben Gotte offtmals für euch/ das er sein liebes wort

A iij   euch

euch so reichlich gegeben/ vnd daſſelbe
ſo wunderlich bekrefftiget hat/ mit
ſtraffe derer/ die euch ſolcht Leere nicht
gönnen/ oder je auff ordentliches er-
fodern nicht Predigen wolten. Dann
was ſich mit ewerm letzten Papiſti-
ſchen Pfarherrn/Herrn Johan Lim-
men/ wunderliches vnd vnerhörtes
zugetragen/ wiſſen wir zwar alle die
wir ihn geſehen vnd gekandt haben/
aber es iſt dennoch wol werd/ das des
auch vnſere Kinder vnd nachkömling
von vns berichtet werden/Welchs ich
hiebey kürtzlich mus erzehlen/der ichs
von ime ſelber gehört habe/vñ gründ-
lichen berichtet bin.

Als ihr in meinem Vaterlande
für dreiſſig Jaren/ ein groſſes verlangen hattet/ nach dem lieben Euangelio vnd rechtem brauche des hochwirdigen Sacramentes/ vnd lieſſet euch
keinen weg verdrieſſen/ auch keine gefahr

fahr abschrecken/ die örter zu besuchen/ da Gottes Wort lauter vnd rein geprediget/vñ das hochwirdige Sacrament/nach einsetzūg Christi/ ausgeteilet würde/ so seid jr öffentlich auff der Cantzel von gedachten Herrn Johan Limen/ewerm papistischen Pfarherrn/ vermanet worden/ euch solches lauffens zu enthalten/ vnd gedult zu haben/ bis jme solchs zu predigen erlaubet würde/ dann er solches so wol als andere/ zu predigen wüste/ aber es würde jm noch nicht vergünstiget. Do nu die zeit kam/ das durch eine ordentliche Visitation/die Kirchen diser Lande/ mit Euangelischen Predigern bestellet wurden/ ward jme auff sein voriges erbitē/ ewre Pfarr durch die verordneten Herrn Visitatores angetragen/ der hoffnung er würde/ wie er euch vortröstet/ euch Gottes Wort lauter vnd rein fürtragen/ aber diese

dise *Vocation* schlug er nicht allein abe/
Sondern lesterte auch die reine heilsame Leere Göttliches Wortes/ vnd
lies jm mehr gelieben das Ehlose vnd
teuffelische wesen des Babstumbs/
wandte sich von euch/ vnd begab sich
gen Ranstet / vnter das Bisthumb
Merseburgk/ welchs geschahe im 39.
Jar der wenigern zal. Als er aber daselbs nicht auffhörete sein Ehlos leben
vnd seine papistische Leere vnd greuwel
zu treiben/ hat er dermal eins auff einen Pfingstmontag/ die gantze Predigt mit greuwlicher lesterung des heiligen Euangelij/ vnd desselben Diener
zubracht / Des nachtes aber gegen
dem morgē/ on gefehr vmb zwey vhr/
hat es in seine Kamer geleuchtet/ eben
als ob das Wetter sich kůlete/ dauon
er doch keinen schaden gefühlet hat/ so
bald er aber auffgestanden/ vnd seiner
gewonheit nach/ seine *Horas* hat Beten

ten wollen / hat er kein wort nicht lesen können / ob er schon einen Psalter
nach dem andern / für sich genommen.
In dem er teglich der besserung war-
tete / bleib doch die straff eine zeit wie
die andere/ Vnd beweisete Gott an jm
diese wunderliche straffe / die er im alten Testament zweymal an den feinden vnd verfolgern seiner diener beweiset hat / Welche straffe die Hebre-
er nennen *Basanferin*, das ist/ Eine solche blindheit/ da man mit sehendē augen etwas nicht erkennen kan. Dann
von dieser straffe lesen wir Gen. 19.
also / Da die Gotlosen Leute zu So-
dom/ dem Loth jhrem Pfarhern seine
Thür vertraten/ vnd wolten seine Ge-
ste stracks heraus haben / da stehet/
das sie sind mit blindheit geschlagen/
das sie die thür nicht finden kundten.
Das war eine wunderliche blindheit/
alle ding sehen künen/ alleine des Lots

A v   Thür

Thür nicht. Das ander Exempel stehet im 4. Buch der Könige am 6. cap. Da die Leute hinauff zihen für Dothan, den Propheten Elizeam zu fangen/ vnd dem Könige zuüberantworten/ Da gehet der Prophet vnter sie hienaus/ sie aber werden mit blindheit geschlagen/ das sie alle ding erkennen/ on den Propheten Elizeum/ vnd die Strasse in Samarien/ kundten sie nicht erkeñen. Eine solche wunderbare Göttliche verblendung haben wir an gedachten Herrn Johan Limmen/ auch erfaren vnd gesehen/ Dañ da er vmb des willen seine Pfarr hat müssen *resigniren*, weil er keinen buchstaben mehr nennen noch kennen kunte/ so hat er sich wider in mein Vaterland begeben/ daselbs one gefehr bis ins sechste jar also gelebet/ das er selbs hat künnen zu wege vnd stege gehen/ auch alles das andere sehen vñ erkennen/

nen / wie klein vnd gering das auch sein möchte / Aber keinen Buchstaben hat er bis in seine Gruben / mehr erkennen noch nennen künnen. O wie hat er das gegen mir vnd andern so offte / auch wol bisweilen mit grosser vngedult geklaget / Dann er nach gelegenheit derselben zeiten nicht vngelert gewesen war / als der etliche Jar in ewrer Schulen gedienet / aus der Schulen der Münche *Præceptor*, vnd zu letzt ewer Pfarherr worden / Bey welchem Pfarrampt er bis auff die Visitation im 39. Jar blieben. So lang er aber nach solcher straff gelebt / hat er sich als ein anderer Christ / mit fleissiger anhörung Göttliches Wortes / vnd offter empfahung des heiligen hochwirdigen Sacraments / gar Christlich gehalten / vnd ist in warer erkentnus Jhesu Christi / seliglich gestorben.

Dieser

Dieser Histori hab ich hiebey gedencken wollen/ mein liebes Vaterland hiemit zuerinnern/ des schutzes Gottes/ welchen er demselben geleistet hat/ wider diesen lesterer vñ mißgönner des heiligen Euangelij. Vnd das GOtt demselben sein heiliges Wort bisher reichlich gegeben/ durch trewe Prediger dasselbe versehē/ do sie nicht mehr weit darnach lauffen/ oder sich grosser gefahr besorgen dürffen.

Dieweil ich dañ diese zeit hinumb den 91. Psalm ausgeleget/ vnd in etlichen Predigten gefasset habe/ daraus etliche fromme Gottfürchtige Christen verhoffet haben/ desto mehr Leere vnd trost zuschepffen/ wenn derselbe gedruckt ausgehen solte/ Derer bit vnd begeren ich gefolget/ vnd solche Predigten in Druck gegeben/ So habe ich dieselben vnter E.E.W. Namen ausgehen lassen wollen/ Nicht allein

allein meine danckbarkeit/gegen meinem Vaterland darmit zubeweisen/ Sondern mich auch darmit zu erinnern/derer gefehrlichen sterbensleuffte/ so in vergangenen Jaren bey euch regiert/in welchen mir auch für zweyen jaren/ ein gut theil meiner Blutsfreunde/ auch meine liebe Mutter am heiligen Christage ist weggenommen worden/ welchen Gott am Jüngsten tage/ allen eine fröliche aufferstehung wolte verleihen.

Bitte aber zum aller freundlichsten/ E.E.W. wolle jhnen solchen meinen geringen fleis günstiglich lassen gefallen/ vnd mehr das Gemüte, vnd geneigten willen/ dann die vorehrung zum Newen Jar/ gutwillig von mir annemen. Denn E.E.W. nach vermügen zudienen/ erkenne ich mich schüldig vnd willig/ Hiemit dieselben

selben dem Allmechtigen befehlende.
Datum Dreßden/am heiligen Christage / als man anfieng zu zehlen/
nach Christi vnsers Seligmachers
Geburt/ M.D.LXIX.

    E. E. W.
      williger
         Bürgers Son.

Philippus Wagner M.
Churfürstlicher Sächsischer Hoffeprediger.

              Der

Der Ein vnd
Neunkigste Psalm.

Er vnter dem schirm des Höhesten sitz/ Vnd vnter dem schatten des Allmechtigen bleibt.

Der spricht zu dem HERRN/ meine Zuuersicht vnd meine Burgk/ Mein Gott auff den ich hoffe.

Denn Er errettet mich vom strick des Jegers/ Vnd von der schedlichen Pestilentz.

Er wird dich mit seinen fittigen decken/ vnd deine zuuersicht wird sein vnter seinen flügeln/ Seine warheit ist schirm vnd schildt.

Das

Das du nicht erschrecken müssest für dem grawen des nachts/ Für den Pfeilen / die des tages fliehen.

Für der Pestilentz/ die im finstern schleicht/ für der seuche die im mittage verderbet.

Ob tausent Fallen zu deiner Seiten / vnd zehen tausent zu deiner rechten / So wird es doch dich nicht treffen.

Ja du wirst mit deinen augen deine lust sehen/ Vnd schawen wie es den Gottlosen vergolten wird.

Denn der HERR ist deine Zuuorsicht/ der Höhest ist deine zuflucht.

Es wird dir kein vbels begegnen/ Vnd keine Plage wird zu deiner Hütten sich nahen.

Denn er hat seinen Engeln befohlen vber dir/ das sie dich behüten auff allen deinen wegen.

Das sie dich auff den Henden tragen/

tragen/ Vnd du deinen Fus nicht an
einen stein stössest.
 Auff den Lewen vnd Ottern wirst
du gehen/ Vnd tretten auff den jungen Lewen vnd Drachen.
 Er begeret mein/ so wil ich jhm
aushelffen/ Er kennet meinen Nah-
men/ darumb wil ich jn schützen.
 Er ruffe mich an/ so wil ich jhn er-
hören/ Jch bin bey jhm in der noth/
Jch wil jhn heraus reissen/ vnd zu
ehren machen.
 Jch wil jhn settigen mit langem
leben/ Vnd wil jhm zeigen
mein Heil.

B Vorre-

Vorrede vber
den Einvndneuntzigsten Psalm.

Nter andern Zeichen / so vns der HErr Christus zu Vorboten des Jüngsten tages setzet / Mat: 24. So gedencket er auch dieses. Ihr werdet hören Kriege / vnd geschrey von Kriegē / Es wird sich ein Volck entpören vber das andere / vnd werden sein Pestilentz vnd thewre zeit / vnd Erdbiben / hin vnd wider / Do wird sich allererst die not anheben.

Dieweil wir denn eben in die zeiten gerathen / dorinne diese Prophecey des HErrn Christi beginnet erfüllet zu werden / Vnd do wirs nicht mehr in Büchern / mit blossen worten / sondern für augen vnd mit der that haben / sintemal eine Plage auff die ander folget / vnd kan sich auch wol zutragen / das

es

vnser viel erleben möchten/das solche Plagen alle zugleich regiereten/als do sind krieg/ Pestilentz/ vnd thewre zeit/ da doch GOtt den lieben Dauid vnd seine Vnderthanen nur auff einmal mit derer einen hat heimgesucht/ als mit Pestilentz/ vnd ob wir/ Gott lob/ noch allhie zimlich für solchen Plagen sicher sind/ so hören wir doch/ wie dieselben an vielen örtern angehen/ sonderlich schreckliche sterbensleuffte/ Da wil vns trawn gebüren/ mit solchen vnsern Glaubensgenossen Christlich mitleidē zuhaben/ vnd vns nichts desto weniger auch selbs darauff zurüsten/ damit wir ein mal in solchem Creutz auch wüsten/ wohin wir vns halten/ vnd wes wir vns zu Gotte versehen solten/ Ja wie wir auch in zeit der gnaden/ solchen Plagen vnd trübsalen zuuor kommen vnd abhelffen könten/ Das müssen wir alleine aus Gottes Worte lernen/ Denn es je an deme ist/ das die Gottfürchtigen/ alle jhre Krafft/ Stercke/ heil vnd trost/ wider alle schreckliche zeitung vnd erfahrung/ wieder alles böse sehen vnd fühlen/ alleine aus Gottes Wort müssen schöpffen vnd nemen/ vnd in dem Worte allein seliglich leben vnd sterben.

B ij   Derhal

Derhalben hab ich bedacht / E. L. nach verleihung des Allmechtigen / den 91. Psalm auszulegen / welcher sich auff diese gefehrlichen vnd sorglichen zeiten sehr wol reimet / als welcher vom heiligen Dauid / one zweiffel in gleicher not vnd fahr / der grewlichen Pestilentz gemacht ist.

Vnd were wol von nöten / das wir vnd vnsere Kinder / diesen Psalm fleissig beteten / dann was andern jtzund begegnet / das haben wir zugewarten / vnd da vns Gott des wolte vberheben / so hetten wir vns doch vielleicht eines ergern zuuorsehen / Drumb wir vrsach gnug haben / diesen Psalm vleissig zu handeln vnd anzuhören.

Er hat aber keinen Tittel noch vberschrifft / daraus wir das Argument vnd inhalt köndten verstehen / Darumb haben auch die Gelerten so mancherley gedancken darüber gehabt / auff wasserley noth er zu deuten sey.

Etliche haben gemeint / Er sey gemacht wider die Tyranney des Pharaonis / da er Gottes Volck geplaget hat / Wie dann der vorgehende Psalm auch des lieben Mosi Psalm ist / doraus sie diesen auch für Moses Psalm gehalten.

Da

Da wir anders vom Teuffel die heilige Schrifft solten lernen verstehen/ so sehen wir/wie er diesen Psalm Math. 4. deutet in gemein auff allerley noth/ das einer sich damit trösten köndte/ er wer in wasser noth er wolte/ Wie auch etliche Gelerten solche gemeine *Application* bleiben lassen.

Aber dieweil die Psalmen gemeiniglich auff eine sondere not vnd anliegen gerichtet sind/ vmb welcher willen sie gemacht sind/ dawider man sie auch noch heutiges tages kan gebrauchen/ So lassen wir billich diesen 91. Psalm auch eine sondere noth betreffen/ nemlich die grewliche Seuche der Pestilentz/ dawider man in diesem Psalm sich lehre vnd trostes sol erholen.

Vnd des können wir diese vrsachen setzen/ Erstlich dieweil die *Grammatica* oder der Buchstabe damit stimmet/ vnd dieser fehrlichen Kranckheit etlich mal dorinnen ausdrücklich mit jren namen gedacht wird/ Darnach weil zu vnser zeit Gelerte Leute/ als Vitus Ditrich vñ andere/diesen Psalm/ auff solche Seuche auch gedeutet vnd ausgeleget haben/ Vnd hat D. Mart. Luther seliger gedechtnüs/ ein mal vber Tisch gesaget/ Ich get/ Ich wolte diesen Psalm gern alleine *de Peste* bleiben lassen/ wenn ich nicht den mißbrauch fürchtete/ das es jme möcht gehen wie dem Euangelio S. Johannis/ daß desselbigen erstes Capittel/ fassete man in sylber vnd Golt/ vnd truge es am Halse wider alles Gespenste vnd Teuffeley/ vnd betrachtete es niemand im hertzen/ also möchte man diesen Psalm aus dem Hertzen lassen/ vnd eusserliche Abgötterey damit treiben.

Weil wir aber nun den mißbrauch vnd Abgötterey erkennen/ so thun wir nicht vnrecht/ do wir diesen Psalm *in specie* auff die gefehrlichen Sterbensleuffte ziehen.

Darzu kömpt auch dieses/ das es sich reimet mit der Historien/ die sich mit dem lieben Dauid vnd seinem Volcke hat zugetragen/ da er in seinem alter gerict in Hoffart vnd Geitz/ vnd lies sein Volck zehlen/ sich darauff zuuerlassen/ da schicket Gott so eine grewliche Pestilentz/ das nicht alleine in wenig tagē/ sondern auch in wenig stunden/ siebentzig tausent Personen starben/ welches viel erger würde sein worden/ wenn es gantzer drey tage also hette sollen anhalten.

Da

Da lest sichs nun ansehen/als hette Dauid diesen Psalm Gott zu lobe gemacht/darinne er jhme dancket/das seine straffe auffgehöret/ vnd wolte von seinem Exempel leren/ wie man in Sterbensleufften sich halten/ vnd wohin man fliehen solte/auff das man für dieser straffe sicher bleiben möchte. Dann weil er wol in geringern errettungen sonderliche Danckpsalmen gemacht hat/wie solte er nicht in dieser errettung auch einen feinen Psalmen gemacht haben?

Das sage ich nu/damit E. L. wissen/ was fürnemlich in diesem Psalm gehandelt werde/vnd das er sonderlich in Sterbensleufften zubetrachten sey.

Ehe dann wir nu zum Text kommen/ wollen wir von solcher schedlichen Seuchen der Pestilentz ein wenig sagen/Was dieselbige sey/ oder woher sie komme/Dann dauon helt einer anders denn der ander/Wir aber als Christen/wollen hierinne Gottes Wort zurath nemen/das wird vns wol mit worten vnd Exempeln zuuorstehen geben/ woher es komme/das Gott ein Land oder Stadt/mit dieser Seuchen vnd Plage heimsuche.

B iiij Darnach

Darnach wird vns der Text selbs fein leren / wie wir vns in solche Göttliche straffe recht schicken / wie vnd wo wir hin fliehen sollen auff das wir mögen sicher sein / Vnd ob vns Gott gleich damit angreiffen / oder auch hinweg raffen wolte / das wir dennoch ein gutes hertz / vnd frölich gewissen dazu haben können.

Die Gelerten sagen fein: *Nosce causam morbi est primus gradus sanitatis*, Wenn man weis woher eine Kranckheit jhren vrsprung hat / so kan man jr desto leichtlicher abhelffen. Nu setzen aber die *Medici* fast alle diese vrsachen der Pestilentz vnd des Sterbens / die nur herfliessen von den Creaturen / als sie sagen / Solche Plage komme etwan her / aus einflus des Gestirns / aus wirckung der Cometen / aus vnordentlicher witterung vnd enderung der Lufft / aus den bösen *Aspecten* der Planeten / sonderlich Saturni vnd Martis / oder aus dē Finsternissen der Sonnen vnd des Monden. Oder wenn grosse verenderung geschehen der zeit vnd der lufft / da der Sommer zuuiel kalt vnd feuchte / der Winter zuuiel warm vnd feucht ist / desgleichen wenn die andern zeiten des Jars / als

Lentz

Lentz vnd Herbst nicht recht gehen/ wie jhre Natur fordert/ sondern haben viel ander vnbequem gewitter/ Alsdann sagen sie/ machen die wässerichen feuchten zeiten/ vnd die faulen dünste vnd brödem des Erdreichs/ der teuche/ der Pfüle/ ꝛc. in der Lufft/ böse *Infection* oder vergifftung/ kommen darzu dicke stinckende Nebel/ böse geruch vnd stanck von todten Assen vnd andern/ Item von gifftigen Thieren/ do sey es nicht müglich/ es müsse solche Seuche vnd Kranckheit folgen. Dieses wollen wir in seinem werdt bleiben/ vnd jhnen jhre kunst vnd weisheit vnuerachtet lassen/ vnd nichtes dawider fechten/ wie wir auch andere Politische ordnung vnd fleissiges auffsehen nicht verwerffen/ Sondern billichen/ aus der vrsach/ weil GOtt selbs im alten Testament befohlen/ das man die Aussetzigen von andern Leuten absondern solte/ damit nicht andere auch durch sie beflecket würden/ So achten wir auch nicht für vnbillich/ das in Sterbensleufften vorgiffte Personen vnd Heuser von andern abgesondert vnd vorwaret werden.

 Dis sage ich/ können wir nicht tadeln/ Aber wir als Christen/ wollen vns fürnemlich zum ich zum Worte Gottes halten/ dasselbige vnsere höheste weißheit sein lassen/ vnd demselben gleuben/ so werden wir gründliche vnd gewisse Vrsachen hören/ woher solche Seuche vnd Kranckheit kome/ dann in vorlesener Historien/ welche doch alles meldet/ was nach der Schrifft von Sterbensleufften kan gesagt werden/ wird nicht mit einem wörtlein gedachṫ derer verursachungē/ welche wir aus der Ertzte meinung erzelet haben/ dañ do ist in Jsrael keine vergiffte lufft/ kein böser gestanck/ kein vnordentlich Gewitter gewesen/ Ohne alle diese vrsachen kömpt Pestilentz vber gantz Jsrael.

Aber doneben zeigt diese Historia andere vrsachṫ an/ nemlich diese/ die Sünde vnd Vbertretung des Königs Dauids. Jtem/ Gottes zorn von wegen der Sünden. Jtem/ der Engel mit dem fewrigen Schwerd/ welcher mus wüten/ so lange bis jhn Gott heist auffhören/ der würget so viel tausent Menschen in kurtzer zeit/ nicht gar einen gantzen tag/ ohne alle böse Lufft/ Wind/ Gestanck/ vnd was mehr oben erzehlet ist.

Diese vrsachen sol vnd mus man den Leuten wol einbilden/ auff das sie nicht ohne
alle

alle erkentnis jhrer Sünden/ one buß vnd bekerung zu Gotte/ nur zu der Apotecken zu lauffen/ oder zum Thor hinaus ziehen/ vnd andere Lufft suchen/ vnd nicht einmal an jhre sünden oder Gottes zorn gedencken/ sondern Gott durch jhr vnbusfertiges leben nur desto mehr erzürnen/ vnd sich mit Abgöttischem Hertzen/ an die Creaturen/ *Præservatiff*, vnd andere Ertzney halten.

Darumb so mercket Zeugnis vnd exempel der Schrifft/ darinne diese Seuche für eine Straffe der sünden wird gemeldet. Leset erstlich das 28. Capitel im fünfften Buch Mosi: Wenn du nicht wirst gehorchen der Stimme deines Gottes/ das du haltest vnd thust alle seine gebot vnd sitten/ꝛc. So wird der HErr die Pestilentz lassen lang wehren/ bis er dich auffreume/ꝛc.

Das ist gewis die rechte Heuptursache dieser Plagen/ daran sol niemand zweiffeln/ wie auch andere Plagen/ als krieg vnd theurung nichts anders sind/ denn Gottes Ruthen/ damit er/ wie ein Vater/ seine vngehorsame Kinder/ sein Volck züchtiget/ von wegen jrer vbertrettung vnd missethat/ auff

das

das sie von jhrem bösen leben abstehen/ vnd sich zu jhme bekeren sollen.

Also lesen wir auch Leuit. 26. Wenn du die zeit meiner heimsuchung verseumē wirst/ wenn ich dich mit meinem Worte werde heimsuchen/ So wil ich dich heimsuchen/ mit Schwulst/ Fieber vnd Kriege/ vnd was für dem Kriege bleiben wird/ das sol die Pestilentz auffreiben.

Es mügen E. L. neben den drewungen/ auch die Exempel lesen/ wie Gott vmb verachtung/ vngehorsam vnd vbertretung willen seines Worts/ solche Straffe geschicket habe/ als dem Pharaoni vnd seinem Volcke in Egypten/ da er die Kinder von Israel nicht wolte ziehen lassen/ Exod. 9. So ist dieses hie auch ein gros Exempel am Dauid/ vnd seinem Volcke.

Darumb können wir Christen eine andere *definition* dieser Kranckheit stellen/ denn die Heidnischen *Medici* gethan haben/ vnd können sagen: Es sey eine Rutte vnd straffe Gottes/ welche er schicket von wegen vnserer Sünden/ dieselbe damit zustraffen/ vnd vns zur Busse zubewegen.

Wenn

Wenn man also von diesem handel redet / So kan ein frommer Christ sich auch recht vnd seliglich in die sache schicken / sich in sterbens nöten zu Gott bekeren / seine sünde erkennen / Gott bey zeiten in die Rutte fallen / vnter Gottes schutz vnd schirm sich befehlen / Gott allein in solchen nöten anruffen / auch jhme allein dancken vnd preisen / wenn er beschützt vnd geholffen hat.

Wie es den Gott auch nur darum zuthun ist / das er wil in nöten angeruffen sein / vnd wil jhme nach erzeigter hülffe gedancket haben / Vnd im fall / do gleich einer mit dieser Seuche begrieffen / vnd durch den Tod / hingeraffet würde / so kan er jme dennoch in seiner Kranheit / Gottes willen gefallen lassen / vnd mit dem Propheten nicht alleine sagen / Miche. 7. *Iram Domini portabo, quoniam peccaui ei.* Sondern auch also: Er wird in seinem zorn seiner Barmhertzigkeit indenck sein / Abacuc. 3.

Dagegen aber / wenn man sich nur mit Apoteckischem Rath bemühet / nur auff die Creatur vnd eusserliche mittel der Kranckheit siehet / alleine darüber klaget / so folget auch dieser vnrath daraus / das GOtt seine Ehre

Ehre benommen vnd entzogen wird/ beide in
der anruffung vnd danckſagung.

Dann wenn die Leute alleine auff die
eufferlichen mittel ſehen/ ſo ſuchen ſie auch
alleine bey den Creaturen hülffe vnd rath/
vnd wenn ſie aus der Kranckheit vnd Gifft
errettet werden/ ſo hat dieſes oder jenes ge-
holffen/ Gottes wird nicht eines gedacht/
vnd wird darnach das letzte erger denn das
erſte/ Vnd do ſie von leiblicher Seuche errettet werden/ geraten ſie an der Seelen viel
in eine ſchedlichere Peſtilentz/ welches do iſt
Abgötterey/ vnd verachtung Gottes.

Das ſage ich zum eingang dieſes 91.
Pſalms/ darumb das wir für allen dingen
betrachten/ woher die ſchreckliche ſeuche vnd
Plage komme/ Vnd weil wir aus Gottes
Wort erkennen/ das es eine ſtraffe vnſerer
ſünden ſey/ von Gott geſchickt/ ſo wird vor
allen dingen von nöten ſein/ da wir hinfurt
dafür wollen bewaret werden/ das wir Buſſe thun/ vnd vnſer leben beſſern/ Dann ſol
die Straffe auſſenbleiben/ ſo mus der vrſa-
chen zuuor abgeholffen werden/ darumb Gott
die ſtraffe ſchicket. Werden wir aber in vnſerm böſen ſündlichem Leben beharren/ So
wird

wird er warlich mit der straff auch fortfah=
ren/ bis er vns bezale nach vnsern wercken.

Dann meinen wir das die nur allein ge=
sündiget haben/ die jetzund im Niederland/
vnd andern örtern/ so mit grausamen Krie=
gen heimgesucht werden/ also/ das sie nicht
allein mit Leib vnd Leben/ mit allem jhren
vermügen/ in gefahr stehen/ Sondern an
Weib vnd Kind/ grausame schand erfaren
müssen? Oder gedencken wir/ das die allein
gesündiget haben/ die hin vnd wider nicht so
ferne von vns mit schrecklicher Gifft vnd
Pestilentz heimgesucht werden?

O da wir also gedencken/ so jrren wir
weit/ Denn das Gott vnser verschonet/ ge=
schicht fürwar nicht vnser frömmigkeit hal=
ben/ Wenn Gott nach vnserm verdienst mit
vns handeln solte/ es solte wol die Pestilentz
zur straffe zu wenig sein/ Er solte wol stra=
fen mit Schwefel vnd Fewer vom Himel/
so von grosser grewlicher vnzucht vnd bübe=
rey erfehret man wol hie/ vn were kein wun=
der/ da Gott nicht so gnediglich verschone=
te/ das Huren vnd Buben/ solche vnd ande=
re Plagen/ mit anher brechten/ vnd ob man
schon

schon in der Stadt wehret/ so geschiehet doch aussen mehr vnzucht als man gleubet/ Vnd werden die auch wol mit solchem laster eins teils bezüchtiget/ die es andern wehren/ vnd besser exempel geben solten.

Wir hetten trawn hohe zeit/ vnser sündlichs leben zubessern/ wo wir nicht viel einer erustern Straffe von Gott wolten gewertig sein/ Wie vns des S. Paulus fein erinnert/ 1. Cor. 11. Wenn wir vns selbs richteten/ so würden wir nicht gerichtet/ Das ist/ da wir von sünden abliessen vnd frömmer weren/ so würde Gott vnser verschonen/ dann er wolte lieber gnade denn zorn vnd straffe gegen vns beweisen/ da wir vns aber trawn nicht wollen wehren lassen/ so mus er bisweilen ein frembdes werck an sich nemen/ das er zu seinem Werck desto besser müge kommen/ das ist/ Er mus straffen/ auff das er vns durch solche seine straffen doch zu erkentnis vnser Sünden müge bringen.

Wie aber zu rathen sey/ Wo GOttes Zorn mit solcher Straffe allbereit angangen ist/ das werden wir nun folgendt aus dem Psalm hören.

Dismal

Dismal mercket das dieser Psalm fürnemlich rede von der straffe der Pestilentz vñ Sterbensleuffte.

Darnach/ was solche Plage verursache/ vnd woher sie komme/ nicht alleine aus natürlichen mittel/ Sondern von GOtt vmb vnserer sünden willen/ vnd wo der sünden bey zeiten abgeholffen wird/ da wird diese Straffe nicht schaden können/ Wie nun fein im Text das rechte *Preseruatiff* folgen wird.

GOtt verleihe seine Gnade/ das wir vnser Leben bessern/ vnd dieser vnd andern Straffen entfliehen/
AMEN.

C Der

Der Erste
Vers.

WEr vnter dem Schirm des Höhesten wohnet/ Vnd vnter dem Schatten des Allmechtigen bleibet.

GEliebten im HERRN/ Nach volendung der ersten vier Capittel des ersten Buchs Mosi/ hab ich für mich genommen den 91. Psalm auszulegen/ vmb dieser vrsachen willen.

Erstlich/ das wir vns hiemit danckbar gegen Gott erzeigeten/ für diese seine Wolthat/ das er vns bisher so gnediglich für schrecklichen Seuchen vnd Sterbensleufften behütet.

Zum andern/ Das wir jhn hiemit auch beten/ das er vnser hinfurt auch gnediglich damit wolte verschonen.

Zum

Zum dritten / Das wir damit vnser Christliches mitleiden gegen vnsern benachbarten vnd Glaubensgenossen erzeigten.

Vnd letzlich / Das wir auch lerneten / wenn vns ein mal Gott heimsuchen würde / wie wir vns darein schicken / vnd Christlich halten solten.

Darauff haben wir zu nechst gesagt / von der Summa vnd von dem inhalt desselben / nemlich / Ob er wol auff allerley anliegen könne gedeutet werden / so gehe er doch fürnemlich auff eine Straffe Gottes / die do ist die Pestilentze / des sind etliche vrsachen angezeiget worden.

Wir haben auch gesagt / was leibliche / sonderlich aber Heidnische Ertzte zur vrsachen gesetzt / dauon diese Seuche herkomme / Dogegen haben wir auch aus Gottes Worte angezeiget / was darinne für verursachung solcher Kranckheit gemeldet werden / Nemlich / vnsere Sünde / Gottes zorn wider dieselbe vnsere Sünde / vnd der Engel / der mit dem fewrigen Schwerd drein schleget / vnd würget bis jhn Gott heisset auffhören. Dis alles ist mit Zeugnüs / Exempeln vnd Historien der Schrifft gnugsam bekrefftiget worden.

Eil wir nu solchen grund geleget/vnd gnugsam beweiset haben/das wir solche straffe/so wol/oder besser verdienet haben, als andere Leute/die damit heimgesucht werden/Vnd aber Gott vnser bisher aus sondern gnaden verschonet hat/So wollen wir nun im namen des HErrn zum Text greiffen/vnd den ersten Vers itzt für vns nemen/der also lautet:

Wer vnter dem schirm des Höchsten sitzt/vnd vnter dem schatten des Allmechtigen bleibet.

DA sollen E. L. erstlich lernen die wort verstehen/Vnd darnach die fürnemsten Leren daraus mercken. Sechs vnterschiedliche wörtlein stehen in diesem Vers/welche wir wol sollen lernen verstehen.

Die ersten zwey betreffen das Göttliche Wesen/da Gott wird genennet/der Höheste vnd Allmechtige.

Die andern zwey betreffen GOttes schutz/vnd heissen schirm vnd schatten.

Die letzten zwey betreffen alle Christen Men-

Menschen/ vnd heissen sitzen vnd bleiben vnter dem schirm vnd schatten des Höhesten vnd Allmechtigen.

Mit beschreibung des Göttlichen wesens/ meldet vns der liebe Dauid/ die grosse vnauffsprechliche gewalt Gottes/ da er jhn nennet den Höhesten/ als der aller gewalt des Teuffels vnd der Menschen zu hoch gebawet hat/ vnd viel zuhoch sitzet. Es kan vnd mag jhn niemand von seinem hohen Stuel stürtzen/ Vnd ob sichs wol der Teuffel/ die Giganten vnd andere Tyrannen vnterstanden haben/ so sind sie doch darüber zu trümmern gangen/ vñ er ist dogegen sitzen blieben.

Der andere Namen Gottes heist Allmechtig/ der alles vermag zuernehren/ vnd auch alles was sich wider jhn aufflehnet/ zuuerwüsten vnd zuuortilgen/ dann alles beides bedeutet das wörtlein *Schadai*, Er ist allem vnglück starck genug/ alles ist jhm zu schwach/ wie wir sein singen:

Ob wolten gleich/ Bapst/ Keyser vnd Reich/ jn vñ sein wort vertreiben/ ist doch ire macht/ gegen jm nichts geacht/ sie werdens wol lassen bleiben.

C iij　　Item/

Item/ Joh.m.10. spricht Christus/ Niemand kan euch aus meines Vaters Hand reissen / Das heist Allmechtig/ dem nichts vnmüglich ist/ zuernehren/ allem vnfall zu wehren / die frommen zu beschützen/ vnd die bösen zu stürtzen.

Von diesem Höchsten vnd Allmechtigē Gott saget Dauid nu weiter/ das er einen schirm vnd schatten habe / Schirm behelt seinen Namen/ wie es die Jäger brauchen/ ein *Abscons*, darein man sich verbirget für der Sonnen vnd vngewitter/ also suchet man in Sterbensleufften/ auch allerley winckel/ da man sich verbergen vnd auffhalten wil. Du sagt nu Dauid/ Wenn einer sich verkröche zu dem Höchsten vnd Allmechtigen in seinen schirm/ so möchte er wol sicher bleiben.

Das wörtlein Schaten ist fast so viel/ als ein schirm/ bedeutet doch Gottes schutz/ ist daher genommen/ Gleich wie ein Wanderman in grosser hitze suchet den schatten eines feinen Bawmes/ darunter er raste: Also suchet man in Sterbensleufften auch frische örter vnd gesunde lufft/ dann an warmen örtern pflegt es jhme desto besser abzukeren.

Darauff

Darauff sagt nu Dauid/ Vnter dem
schatten Gottes were am allersichersten wo=
nen/ Wie er das Volck Israel mit einer lich=
ten Wolcken oberschattete vnd bewarete/
Wie er Mosen mit einer wolcken deckete/ da
jhn die Gottlosen Jüden steinigen wolten/
In sũma/ schirm vnd schatten bedeuten al=
len schutz/ welchen Gott den seinen geleistet
hat/ vnd noch leistet.

Die letzten zwey wörtlein/ die vns men=
schen betreffen/ heissen sitzen vnd bleiben/
Das sind zwey wörtlein/ die einen verzugk
bedeuten/ heissen etwan sich nidergelassen
haben/ vnd wonhafftig bleiben/ dann einem
Christen wil nicht gebühren alleine auff ei=
nen augenblick sich vnter Gottes schirm vnd
Schatten zuuerbergen/ Sondern man mus
seine stete wohnung/ sein stetiges bleiben da=
selbs haben/ die sich in den schirm vnd schat=
ten also einrichten/ das sie bis an das ende
darinne beharren/ die gefallen Gott am be=
sten/ Vnd nicht die jenigen/ die nur zur zeit
des trüben Wetters sich als Gottfürchtig
stellen/ vnd hernach des schirms vnd schat=
tens bald wider vergessen.

Das habe ich nur zur erklerung der Wörtlein sagen wollen/ auff das wir sehen/ wie wichtiger vnd ausserlesener wort der heilige Dauid hie brauchet.

NV komen wir zur meinung vnd inhalt des gantzen Vers/ vnd ist nichts anders/ denn eine richtige schöne antwort/ auff die Frage: Wer wird doch in Sterbensleufften/ wenn Gott Pestilentz vnd schedliche Seuchen schickt/ sich können recht verwaren/ das er müge dafür frey vnd sicher sein? Wo solte doch einer hinfliehen/ das er möchte bleiben? Darauff gibt der heilige Dauid richtige antwort:

Wer vnter dem schirm des Höhesten sitzet/ vnd vnter dem schatten des Allmechtigen bleibet.

Das ist der erste *Aphorismus*, welchen vnser *Hypocrates* der liebe Dauid stellet. Wer sich in Gotte verbirget/ vnd jme vortrawet/ dem kam die Pestilentz vnd ander vnglück nicht schaden thun.

Da lassen wir abermal leibliche Ertzten jhren rath/ wider die Sterbensleuffte/ die da kẽren/ bald vnd weit flihen/ vnd langsam
widers

widerkomen/ Dann wie man die verursachung des Sterbens/ nur natürlichen dingen zuschreibet/ Also meinet man auch/ das man Natürlicher weise solcher Plage könne entfliehen/ wie sie sagen.

Hæc tria tabificam pellunt aduerbia pestem,
Mox, longe, tarde, cede, recede, redi.

Wir wollen auch solch leibliches fliehen onuerboten/ oder vngestraffet lassen/ dann einen jeden wird sein Gewissen vnd sein beruff wol leren/ was er in solchem fall verantworten könne. Wir vnterrichten fürnemlich die gewißne/ so sich für furcht gar vngeschickt gehalten/ vnd aus solcher furcht aller Christlichen liebe vorgessen/ auch Gottes Gebot übertretten/ vnd gleich als durch sünde dieser plage/ die doch vmb der sünde willen kompt/ erhoffen zu entfliehen. Wie man auch siet/ das solche furchtsame Leute/ in solchen lüfften gemeiniglich sterben/ Die andern/ ſo jhrer Empter warten/ als Prediger vnd Amptspersonen/ gemeiniglich behütet werden.

Darumb ist die vnzeitige Furcht vnd flucht wider Gottes gebot nicht anders/ denn eine

eine anzeigung eines grossen schweren vn=
glaubens/ das man Gott nicht gleubet noch
trawet/ das er allmechtig sey/vnd macht sol=
che furcht den Spruch war/ Esa. 57. Die
Gottlosen haben keinen friede. Dann wenn
wir also nur auff die flucht dencken/ es bleibe
vnser Nehster wo er wolle/ er werde versorgt
wie er wolle/ wenn wolten wir doch vnser le=
ben für vnsern Nehesten dargeben/ wie Chri=
stus für vns gethan hat/ vñ wir auch zu thun
schuldig sind/1. Johan. 3.

 Wen nu Gottes zorn fürchtet/ vnd die=
ser plage zu entflihē begeret / der frage nicht
seine eigene vernunfft/ die nur nach der Apo=
teken/ vnd zum thor hinaus gedencket/ son=
dern er frage Gottes wort/ das leret jn nicht
böse Lufft oder vergiffte Stedte fliehen/
welches er ja wol thun mag/ es bleibet aber
dannoch vngewis/ ob es helffe oder nicht/
sondern es leret/ an einen solchen ort flihen/
da man seines Gewissens halben kan sicher
vnd wol zu frieden sein/ es gehe sonst zu wie
es wolle / Der ort heisset der schirm des Al=
lerhöchsten/ vnd der Schatten des Allmech=
tigen. Das heist sich mit einem rechtē besten=
digen Christlichen Glauben/ Gott in seinen
           schutz

schutz vnd schirm ergeben/ solche Leute nimpt
Gott zu Gnaden an/ helt sie für seine liebe
Kinder/ Gibt jnen seinen heiligen Geist/ der
wircket alles gutes in jhnen/ das jhnen alles
zum besten mus gereichen.

    Es ist sehr breuchlich in der Schrifft/ das
Gottes Schutz vergleichet wird einem vber=
schatt= oder bedecken/ wie die zwene Cherubin
jre flügel vber die Arche ausbreiteten Ex. 37.

    Also breitet GOTT die Flügel seines
Schutzes aus vber seine Außerwelten/ Vnd
wie ein Adler vber seinen Jungen schwebet/
der eine Henne jre Jungen vnder jre flügel
samlet/ also nimbt Gott die jenigen in seinen
schutz/ die jm vertrawe. Sonderlich aber hat
vns Gott seinen einigen lieben Son gemacht
zu einem Vmbrakel/ oder solchem schirm vnd
schatten/ der vns die grimmige hitze des zor=
gen Gottes auffhalte/ Wie Jonas vnter
seiner Lauberhütten für der hitzen sich ver=
barg. Vnd wenn am jüngsten tage die hitze
des zorn Gottes/ die Gottlosen hefftig dru=
cken wird/ Wenn sie grewlich Wetter/ Donner
vnd blitz betreffen wird/ do kan niemand
lesschen vnd GOttes Zorn stillen/ dann
der einige Son GOttes/ der ist aller
Gleubigen

Gleubigen baum/ dauon sie schatten haben/ für welchen sie sich billich neigen/ vnd vnter welches schirm vnd schatten sie sich begeben.

Darumb sind auch die wort des ersten Vers nicht anders/ denn eine feine *definition* eines rechten Christē/ Der ist ein mensch/ welcher vnter dem schirm des Höhesten sitzt/ vnd vnter dem schattē des allmechtigen bleibet/ Das ist/ der aus rechtem Glauben an Christum sich auff Gott verlest/ durch den heiligen Geist/ der hat *in labore requiem, in aestu temperiem, in fletu solatium*, wie man vom heiligen Geiste singet.

So mercket nu fein/ das Dauid/ nicht sagt/ wer auff dieses oder jenes hohes schlos/ wer an diesen oder jenen frischen ort fleuhet/ der wird sicher sein für Pestilentz/ vnd andern straffen GOTes/ Sondern er sagt von einem schirm oder behalter des Allerhöhesten im Himmel/ Er saget von einem külen orte des Allmechtigen/. da findet man schutz/ da findet man rechte frische gesunde Lufft/ für betrübte hertzen.

Wenn einer schon flöhe auff die höchste Burgk in der Welt/ suchte auch die frischeste lufft/ er würde darumb in seinem vnglauben

ben/ Gottes zorn vnd straff nicht entfliehen können/ Wer aber zu Gott zuflucht hat/ erkennet solche Plage/ für eine Straffe seiner Sünde/ lest jhm solche sünde leid sein stellet sie abe/ bekeret sich durch rechten glauben zu Gott/ der ist auff dem besten weg / vnd brauchet des allerbesten *Preseruatiffs*, Dauon haben wir herliche zeugnis in heiliger schrifft/ als Ezech. 9. Da Gott Jerusalem mit solcher Plage wil heimsuchen/ zeichnet er die Leute/ die da seufftzen vnd jammern/ mit einem Creutze an der Stirn, vnd befiehlet den Engeln/ die schlagen sollen/ das sie der gezeichneten wollen verschonen / Die waren vnter dem schirm vnd schatten des Höhesten vnd Allmechtigen/ darumb blieben sie wol sicher/ vnd kunte sie die Plage nicht rüren.

Das ists auch/ das S. Petrus saget/ 2. Pet. 2. Der HErr weis die Gottseligen aus der versuchung zuerlösen / rc. Vnd füret zum Exempel ein/ die Historien von Noe vnd Loth/ rc. Vnd solches mügen E. L. daheim sein lesen/ 2. Chron. 7. da Gott saget/ Siehe/ wenn ich lasse eine Pestilentz vnter mein Volck kommen/ vnd sie beten, vnd suchen mein angesicht/ vnd bekeren sich von
jhren

jhrem bösen wesen/ so wil ich vom Himel hören/ vnd jhre sünde vorgeben/ vnd jhr Land heilen/ Da stellet vns Gott selbst das beste electuarium, wider alle seine straffen vnd plagen/ nemlich/ Wenn wir die Ruthe verdienet haben vnd fülen, vnd wir vns nur von vnsern sünden zu jhme bekeren/ vnd zu jhme vnser zuflucht haben/ so wil er wider heilen/ da er schon zuuor geschlagen vnd verwundet hat.

Vnd also haben E.L. in nehester Historien vom lieben Dauid gehört/da Gott durch diese Seuche lies siebentzig tausent menschen dahin fallen/ vnd Dauid sprach zu Gott/ Ich habe schwerlich gesündiget/ das ich dieses gethan habe/ Nu aber nim weg die missethat deines Knechtes/ ꝛc. da höret Gott auff zu zürnen/ vnd sagt zum Engel dem verderber/ Es ist gnug/las deine hand abe/ꝛc.

Nemet noch eine Histori für euch von dem König Ezechia/4.Reg.20. Esa.38. der lag eben an dieser Seuchen kranck/ aber da er sein Angesicht zur wand keret/ vnd betete zum HErrn mit grossem weinen/da lest jhn Gott nicht allein gesund werden/ Sondern fristet jhm sein leben noch xv. jar/ Da er doch schon

schon sein Testament gemacht/ vnd nicht anders wuste/ denn er würde des Lagers sterben.

Wo man also seine sünde erkand/ vnd ein busfertiges leben hat angefangen/ vnd hat sich zu Gotte bekeret/ da ist vnuerboten eusserlicher mittel zu gebrauchen/ da solten auch geringe ding wol viel ausrichten/ wie wir solches auch in itztgemelter Historie von Ezechia finden/ das da eine Feigen mus solche drüsen heylen.

Wo man aber Busse vnd bekerung zu Gotte hindan setzet/ vnd sucht nur rath vnd hülffe bey eusserlichen mitteln/ So wil vnd kan offte nichtes helffen/ wenn mans schon zu Venedig oder Paris liesse zurichten/ Wie wir auch von dem König Asa lesen/ der hatte mehr zuflucht zu den Ertzten denn zu Gotte/ darumb war alle Ertzney verloren/ er muste an seiner Kranckheit sterben/ wie jr lesen müget/ 2. Paralip. 16.

Dieses müssen wir nicht allein deuten auff die straffe der Pestilentz/ Sondern auff allerley straffen/ damit wir vnserer Sünden halben heim gesuchet werden/ Das GOTT ablasse zu straffen/ Wenn man

man zu jhme zuflucht hat/ vnd sich in seinen gnedigen schutz ergiebet.

Dann dieser bewerten Ertzney brauchet auch der König Manasse/ welcher do er gefangen/ vnd mit fesseln vñ ketten gebunden gen Babel wird geführet/ do erkennet er seine sünde/ bittet Gott vmb gnade/ verheist besserung seines lebens/ Da erhöret vnd errettet jhn Gott aus seinen banden/ vnd bringet jn wider gen Jerusalē in sein Königreich/ Wie jhr auch lesen müget 2. Paral. 33.

Wird nicht dem Achab auch dardurch gerathen/ wie sieht 3. Reg. 21. da er Gott auffs höchste erzürnet hatte/ vñ solte erwarten der straffe/ die jhm Gott durch den Propheten Eliam hatte verkündigen lassen/ da zerreis er seine kleider/ vnd legte einen Sack an seinen Leib/ vnd fastet/ vnd schlieff im Sacke/ vnd gieng jemmerlich her. Vnd das Wort des HErrn kam zu Elia: Weil sich Achab für mir bücket/ q. d. zuuor hat er sich jmmer vber mich erhaben/ So wil ich das vnglück nicht einführen bey seinem leben/ Aber bey seines Sons leben/ wil ich vnglück vber sein Haus führen: Sehet/ was diese Ertzney an dem Gottlosen/ vnd doch wider bekereten
Achab

Achab wircket/ Vnd solcher Exempel ist die
Schrifft vol/ wie Gott seinen zorn so balde
lasse sincken/ vnd vngnad inn gnade ver=
wandeln/ wenn man sich nur zu jhme beke=
ret/ gnade bey jhm suchet vnd bittet.

VNd also solten wir vns in diesen zei=
ten/ diesen ersten Vers wol lassen
befohlen sein/ Es drewet Gott im=
mer/ als wolte er straffen/ vnd zeucht denn
bald wider auff/ das er gleich damit wil zu=
uerstehen geben/ als hette er an vnserm ver=
derben keinen gefallen/ Lassen wir aber sei=
nen zorn einmal recht angehen/ wer wil vns
da schirmen/ schützen vnd decken.

Darumb halte sich doch ein jeder in Got=
tes furcht/ mit ernstem Gebete/ vnd besserüg
seines lebens zu diesem schirm vnd schatten/
so wird sich alles wol daran ablauffen/ was
einem gedenket zuschaden/ vnd da alle Ertz=
ney zu schwach ist/ so sol dieser schirm anfa=
hen zu schützen.

Wo man aber diesen schirm vnd schat=
ten fahren lest/ so wol alle Ertzney vnd mit=
tel zur lautern gifft werden.   D   Gott

GOtt verleihe vns seine Gnade/das wir vns zu jhme begeben/vnd seines schirms vnd schattens in allen vnsern nöthen theilhafftig werden/
AMEN.

Der Ander Vers.

Der spricht zu dem HErrn/ meine zuuersicht vnd meine Burgk/ mein Gott auff den ich hoffe.

GEliebten im HERrn/ Jn der nechsten Predigt haben E. L. aus dem ersten Vers dieses Psalms hören handeln vnd erkleren/ den ersten *Aphorismum* oder das erste *Præseruatiff*, so vns der heilige Dauid stellet/ wider die schedliche seuche der Pestilentz vnd alle andere plagen vnd straffen Gottes. Dasselbige neüet er auff seine weise

weise/vnter dem schirm des Höchsten sitzen/
vnd vnter dem schatten des Allmechtigen
bleiben/das ist/ Sich durch rechten bestendi-
gen Glauben/ Gott gantz vnd gar in seinen
schutz vnd schirm ergeben/auff denselben sich
alleine verlassen/das lindert vnd nimbt weg
alle Plagen vnd straffen/wie die heissen mügen.

 Vnter der Welt schirm vnd schatten/
findet sich vnfried/vnruhe/vnbestendigkeit/
vnd aller jammer/ Aber allein in GOttes
schirm/findet man ewige Weißheit/ gerech-
tigkeit/ein sichers geruigs gemüte/ein fried-
sames fröliches Gewissen/ das man mit ke-
ckem mute/ alles thut vnd leidet/was GOtt
erfordert vnd zuschicket/ das man sich für
nichtes fürchtet/ das man nicht sorget/ wie
man wolle beschirmet werden/ Denn man
hat den sterckesten bey sich/ der auff einen si-
het/ vnd einen behütet.

 Das ist nu eine feine beschreibung gewe-
sen/ eines rechten Christen/ aus dem ersten
Gebot Gottes genommen/Ein Christ ist ein
solcher Mensch/ der vnter dem schirm des
Höchsten sitzt/ vnd vnter dem schatten des
   D ij   Allmech-

Allmechtigē bleibet / dem kan auch nichts böses widerfaren / ꝛc.

NV folget der ander Vers / darinne
der liebe David noch ein *Aphorismum* oder *Recept* stellet / wider die
schreckliche Seuche der Pestilentz vnd anderer Straffen / Dasselbe *Recept* vnd beschreibung eines rechten Christen / ist genommen
aus dem andern Gebot Gottes / vnd lautet
also:

Der spricht zu dem Herrn / Meine zuuersicht vnd meine Burgk / mein
Gott auff den ich hoffe.

Diese herrliche Wort wöllen E. L. dismal lernen verstehen / vnd in allerley noth
zum troste gebrauchen / Wir werden es ein
mal alle bedürffen.

Es gehöret zu einem rechten Christen /
der sich Gott recht ergeben / vnd in seinem
schutz vnd schirm befehlen wil / nicht alleine /
das er im hertzen auff Gott trawe vnd bawe /
sondern das er auch mit dem munde solchen
Glauben an tag gebe / durch fleißiges gebet /
vnd hertzliche anruffung / Solchs stück er
fordert

fordert hie der liebe Dauid nicht allein/ sondern er zeigt auch an/ was man von Gott in
seinem Gebete bekennen vnd rühmen solle/
Denn also sagt er erstlich/ Der/das ist/wel-
cher vnter dem schirm vnd schatten Gottes
sitzt/Der spricht/ Dis sprechē bedeutet nicht
ein schlechtes reden/Sondern ein solch spre-
chen/ darinne etwas bekent/ gebeten oder geklaget wird/ wie es in der schrifft offt stehet:
Ich sprach zu dem Herrn/etc.

 Ein solchs sprechen oder Gebet ist die beste Ertzney wider die Pestilentz vnd alles ander vnglück/wie man sagt: *Preces et lachry-
ma sunt arma Ecclesiæ.* Vnd ein solch Gesprech lesen wir von dem fromen Könige E-
zechia/do er in seiner kranckheit sich zu Gott
kerete/vnd betet. Das ist ein Christlichs spre-
chen/ dadurch er gesundheit vnd lenger leben
erlanget/ dann er zuuor gedacht hatte. Also
lesen wir in den Historien von dem heiligen
Gregorio Magno, das er zu der zeit/ da eine
greuliche Pestilentz zu Rom regieret hat/ha-
be *Litanias* vnd gemeine Gebet angestellet
vnd geordnet/ Vnd do man damit angehal-
ten/ so hab solche Seuche auffgehöret/wie
Platina vnd *Vollateranius* zeugen.

D iij   Als

Ists nu irgent zu einer zeit von nöten ge-
west/ das man sich mit Gott also besprochen
hette/ So ists fürwar zu vnsern zeiten ituund
von nöten/ da der vrsachen zum Gebet so
viel sind/ als jhr jemals mügen gewesen sein.
Vnd sind doch die Leute dagegen zum Gebet so faul/ als sie auch mügen jemals gewesen sein/ Dann je grösser die not ist/ je weniger wir beten/ vnd je neher sich immer Gottes Zorn zu vns nahet/ Was noch fromme
Christen sein/ die nach dem ersten Vers allein jhren trost vnd zuflucht bey Gott suchen
vnd haben/ die mügen noch beten/ vnd mit
solchem Gesprech sich zwischen Gottes zorn
aufflehnen/ Wenn es one die were/ so hette
ich sorg/ es würde Gott lang mit seinen straffen fort gedruckt haben/ wie er denn mit allen zugleich gedrewet hat/ wenn er dieselben
wird zuuor hinweg gezuckt haben/ so wird
man erst sehen/ wer Gottes zorn verursachet
oder auffgehalten hat/ Das mercket bey dem
Wörtlein Sprechen.

Was sol ein Christ denn sprechen/ oder
wie sol er beten?

Er sol sagen zum HErrn/ Meine zuuersicht

uersicht vnd meine Burgk mein Gott auff den ich hoffe.

Das Gebet hat wenig Wort / aber es erfordert grossen mechtigen Glauben / Vnd wer es mit rechtem gleubigem hertzen betet / der wird gewis wol für Gottes Zorn bewaret werden. Es müssen aber nicht blosse wort sein / Sondern es mus recht von hertzen gehen / Dann wie solte ein Vngleubiger vnd Gottloser doch mit warheit sagen können / HErr du bist meine zuuersicht? Heist doch Zuuorsicht nur dieses / darauff man sich mit dem hertzen vorlesset / drumm mus ja der glaube vnd das hertz an dem dinge hangen / das man seine zuuorsicht nennet.

Nu sol ein Christ alleine Gott lassen seine hoffnung vnd zuuorsicht sein in aller not vnd widerwertigkeit / Es lasse sich von auswendig ansehen wie es wolle / im hertzen soll man dennoch alle seine zuuorsicht auff Gott gerichtet haben / das man sich jhm alleine befehle / mit allem was wir sind vnd haben / Wie der liebe Jacob in seinem kampff mit solcher zuuersicht bestunde / vnd erlangete den namen von Gott / das er Israel genennet

net würde/ als der wider Gott gesieget hette.
O wie ist des lieben Abrahams glaube probirt worden/ auff das offenbar würde/ ob er Gott in seinem Hertzen auch warhafftig für seine zuuorsicht hielte.

Wir lassen vns jetzt alle wol düncken/ es sey leichtlich zusagen: HErr du bist meine zuuorsicht/ aber wie wenn Gott zu vns spreche/ Du nennest mich wol mit dem munde deine zuuersicht/ Ja wenn dein Reichthumb thete/ so möchte ichs gleuben/ das ligt dir im hertzen/ vnd im sinn/ als deine hoffnung vnd zuuersicht. Item/ zu einem andern/ ja wenn deine gewalt vnd ehre thet/ so möchtestu mich für deine Zuuorsicht halten. Item/ zu einem andern/ Wenn deine weltliche freude vnd schentliche wolluste thet/ so möchte ichs gleuben/ das du mich für deine Zuuorsicht hieltest.

Gedencke ein jeder dran/ Gott wird genaw gnug fragen/ was ein jeder für seine zuuersicht helt/ Er darff zwar nicht fragen/ er kennet Hertz vnd Nieren/ vnd weis wol/ was ein jeder in seinem hertzen für seine zuuersicht helt. In summa/ alle vngleubigen/ Gottlosen vnd maul Christen/ die setzen jhre zuuorsicht

sicht auff vorgemelte dinge/ verlassen sich
drauff/ vnd machen jhnen Abgötter dar=
aus/ vnd ob sie schon Gott mit dem munde
für jre zuuersicht bekennen/ so verleugnen sie
jhn doch mit dem hertzen/ vnd wann er dann
kompt mit seinem zorn/vnd vbereilet sie mit
einer plage/ das sie aus not an Gott geden=
cken müssen/ so erschrecken sie für jhme/flie=
hen von jhm/ vnd wissen nicht wo sie bleiben
sollen. Da verschwindet denn jhre zuuorsicht
vnd trotz/ den sie zur zeit der wolfart zu den
Creaturen gehabt haben/ Vnd findet sich/
das jhre Weißheit eitel thorheit/ jhre stercke
vnd macht/ jhr vnglück/ jhr reichthumb/ jhr
vorderben/ jhre gesundheit/ jhr schade/ jhre
freunde/ jhre heuchler vnd vorrehter gewe=
sen sind/vnd alles das/darauff sie sich haben
verlassen/ das kan jhnen nicht helffen.

   Aber also gehets den Gleubigen nicht.
Denn wer auff den HErrn vertrawet/ de
wird nimmer zu schanden/Vnd diese zuuor
sicht im Himel bleibet bestehen/ wider all
vnglück/ wie das namen haben mag. Da
umb las die Papisten jhre zuuorsicht hab
auff verstorbene Heiligen/ oder auch auff

             D v   Mut

Mutter des HErrn/ Wie sie in jhrem Sal-
ve Regina singen/ Vita dulcedo & spes nostra
salue. Las die Gottlosen jren trost vnd zuuersicht haben/ an allem was auff Erden ist/
das helt doch in nöten den stich nicht. Wir
Christen sollen Gott im himel allein für vnser zuuorsicht halten/ der trotz vnd trost helt
aus in den schwersten nöten/ wie Josaphat
saget/ etc.

Was sol man denn mehr sprechen zu
dem HERren?

Meine Burgk. Do zeiget er auch den
ort an/ wohin wir in nöthen fliehen sollen/
Zu Gott/der soll vnsere Burgk sein. Er vergleichet Gott einem festen Schlosse/ Die
Christen aber denen/ die in solchem Schlosse belagert werden/ Dann gleich wie die je-
nigen/ die in einem festen Schlosse belagert
werden/ do sie sonst anderst mit Proxiant
versehen/ vnd eine gute sache haben/ so können sie solche belagerung leicht dulden/ vnd
jhre Feinde noch darzu verachten. Also können alle gleubige Christen/ alle jhr vnglück
leicht er tragen/ vnd desselben spotten/ das
sie sind in Gott/ vnd Gott in jhnen/ Sie
haben

aben an Gott eine veste Burgk / darumb
ingen sie auch: Vnd wenn die Welt vol
Teuffel wer/ vnd wolten vns gar ver-
schlingen/ so fürchten wir vns nicht so
sehr/ ꝛc. Ja freylich ist vnser Gott eine feste
Burgk / dann alle die sich darwider auffge-
lehnet haben / die haben mit schanden müssen abziehen / oder haben den Kopff daran
abgelauffen / das sie sind darüber zu trümmern gangen.

Wie dann ein mal einem Grauen ge-
schahe/ der war dem Gesang treflich feind/
Ein feste Burgk ist vnser Gott: Vnd da er
jhn ein mal hörte singen/ sagt er/ Er wolte
noch die Burgk helffen zurstören/ oder wolt
seinen kopff nicht sanfft legen/ vber drey tage
starb er dahin / Die Burgk bliebe für jhm
vnzerstöret / vnd werden noch mit schanden
für dieser Burgk absatteln müssen/ alle die
jenigen/ so sich dawider auflehnen / Vnd
hiemit stimmet fein der liebe Salomon Pro-
uerb.am 18. do er saget:

Der name des Herrn ist ein starckes
Schloß/ der gerechte laufft dahin/ vñ
wird beschirmet/ etc.   Wir

Vnd diese vorgleichung Gottes mit einer herrlichen Festung / ist sehr gemein inn Mose / sonderlich in den Psalmen / wie ihr im 18. Psalm sehen müget / Vnd hat ohne zweiffel der HErr Christus / auff solche vergleichung gesehen / do er einen rechten Christen vergleichet Math. 7. einem klugen Bawmeister / der sein haus auff einen Felssen bawet / das kan wider allen Wind vnd platzregen bestehen.

Der starcke Fels ist vnser lieber HErr Jhesus Christus / auff den sollen wir trawen vnd bawen / als auff den einigen Grund vnd Eckstein vnseres heils vnd seligkeit / Wie in S. Paulus vnd Petrus aus Esaia nennen. Wenn wir auff dem Felssen / vnd auff der Burgk sind vnd stehen / so wollen wir wol vnumbgestossen bleiben / ob vns schon allerley sawrer Wind vnd trübes Wetter zuhanden keme wie wir fein singen / Wer inn GOtt hoffet vnd dem vertrawt / der wird doch nicht zuschanden / Dann wer auff diesen Felsen bawt / ob ihm gleich gehet zuhanden / viel vnfals hie hab ich doch nie / den menschen sehen fallen /

fallen/Der sich verlest auff Gottes
trost/Er hilfft sein gleubigen allen.

Lernet den Ort vnd die Burgk wol/wohin wir vns sollen halten/das wir sicher sein mügen/Zu Gott last vns halten/der ist nicht allein der beschützer/Sondern er ist auch die Burgk selbs/dorinnen wir beschützt werden. Mancher hat einen gewaltigen Schutzherrn aber es mangelt jhm an einem orte/da er sicher were/ehe dann jhm sein Herr zu hülffe kompt/ist er vberweldiget vnd gefangen/ Mancher hat wol einen festen ort/es mangelt jhm aber an der entsetzung.

Wir Christen aber habens an Gott alles beides/Er ist Allmechtig vnd der Allerhöheste/das es vns an einem Schutzherrn nicht mangelt/So ist er vnser feste Burgk/ dorinnen wir wol sicher sind für allem sturm vnd anlauffen der Feinde/Was Menschenhende bawen/das können sie wider zuschleiffen/darumb sich auch auff keine Burgk oder Festen in der gantzen Welt zuuerlassen ist/ Vnd wie jener König sagt: Wenn nur ein Esel mit gelde beladen hinauff kommen kan/ so ist eine Burgk zu erobern/wie feste sie auch
sein

sein mag/ vnd helffen offt Mauren/ Pasteien vnd Greben so viel/ als einem Hirschen sein grosses Geweihe hilfft/ wie jener Poet Deutschlandes spottet:

Grandia nimirũ timidos quod cornua ceruos,
Hoc tua te foßis mœnia cincta iuuant.

Darumb sich auch niemand darauff verlassen oder trotzen sol/ Sonderlich in bösen hendeln/ sonst lasse mans als mittel bleiben. Aber Christen sollen jn dis wörtlein wol einbilden/ das Gott jr Fels vnd Burgk ist/ darinne sie für allem Vnglück sicher sein können.

Wir wollen das dritte wörtlein auch mit erkleren/ ehe denn wir von nutze dieses Verses reden/ das lautet also: Ein gleubiger Christ spricht auch zu dem HErrn/ Mein **Gott auff den ich hoffe.**

Eines GOtt sein/ oder Gott zu seinem Gott haben/ das ist die grosse freude vñ wolthat/ die auff Erden mag genennet werden/ dann wenn alle ding auffhören/ so bleibt der HErr vnser Gott/ wie Psalm. 137. stehet. Wol dem des der HErr sein Gott ist. Vnd heißt

heist nu so viel/ du bist mein Gott auff den ich
hoffe/ das ist/ an dir Herr hab ich allein mein
hoffnung/ du bist mir alles/ in dir hab ich al=
les/ dich hab ich an stad aller dinge/ ich bin
in dir besser versorget/ denn wenn ich die
gantze welt wolt meine hoffnung sein lassen/
denn du bist allein der Höchste/ der Allmech=
tige/ der ewige vnd vnuorgengliche/ der
reichste vnd gewaltigste/ Vnd in summa/
wie Dauid in einem andern Psalm saget/ so
ists so viel gesagt: Wenn ich nur dich habe/
so frag ich nichts nach Himel vnd Erden.
Du alleine bist meines hertzens frewde vnd
trost. Das sey gnug zum verstand dieser
wörtlein gesagt/ Ein Christ spricht zu dem
Herrn: Meine zuuersicht vnd meine
Burgk/ Mein Gott auff den ich hoffe.

Vn höret auch/ wie wir solchs Ge=
bets recht brauchen sollen. Die gan=
tze *Application* ligt an dem Wört=
lein Mein/ das dreymal hie stehet/ vnd zeige
an/ das rechte hertzliche vertrawen/ vñ war=
hafftigen Glauben/ welchen ein Mensch zu
Gott hat. Dann mit dem wörtlein Mein/
bezeuge ich je meine Pflichte vnd Eyd/ das
mit

mit ich jemand verwand bin/ als das ist mein
Vater/ darumb hoffe ich Väterliche trewe/
Das ist meine Obrigkeit/ darumb hoffe ich
schutz. Das ist mein Eheweib/ darumb achte
ichs für meine Gehülfin.

Das Wörtlein Mein/ begreifft in sich
die Pflicht/ die man gegen dem/ was man
das seine nennet/ schüldig ist/ vnd die wolthat die man wider von dem hat zugewarten.

Also thut Thomas gegen dem HErrn
Christo / nach seiner aufferstehung/ Mein
Herr vnd mein Gott/ darumb ist es ein ernst-
lich wort/ das das gantze Hertz eines Menschen erfordert/ vnd nicht alleine mit dem
Mund wil geredt sein/ man kan auch Gott
nicht betriegen/ er kennet die seinen gar wol/
er weis wol/ welche jhn mit warhafftigen
oder heuchlerischem hertzen jhre zuuersicht/
jhre Burgk vnd jhren Gott nennen/ Niemand betreugt jhn. Vnd wo dis wörtlein in
eines Menschen Hertz recht ist/ so macht es
einen kecke vnd getrost in allen nöthen/ wie
dieselben sein mügen/ da die andern/ die Gott
nicht für jhre Zuuersicht/ Burgk/ vnd jhren Gott halten/ müssen verzagen.

Also

Also kundte Daniel getrost sein in der Löwengruben / da er sagt Cap. 6. *Paueant Deum Danielis, ipse enim est Deus viuens,* Also kunte sich Eliseus der fewrigen schiltwache vnd festen Burgk Gottes trösten / 4. Reg. 19. da er zu seinem Diener sagt: *Plures sunt nobiscum, quam cum illis.* Ihr seind mehr mit vns denn mit jhnen.

Also erschrecket manchen der Todt / wer aber von hertzen sagt: Gott ist meine zuuersicht / mein Burgk / vnd mein Gott / etc. der kan mitten im tod das leben hofen / Vnd in summa / wie niemãd sich auff sichtbare hülffe der Creatur gewis verlassen darff / Also soll auch niemand an vnsichtbarer hülffe Gottes zweiffeln / dann die wir rechte Christen sein wollen / müssen mehr auff das vnsichtbare / denn auff das sichtbare trawen. Die Gottlosen vnd vngleubigen / haben einen andern Spruch / die da sagen / Was die Augen sehen / das gleubet das hertz. Vnsere Regel heisset dagegen also / Heb. 11. Der Glaube ist eine gewisse zuuorsicht / des / das man hoffet / vnd nicht zweiffelt an dem / das mã nicht siehet / ob nu schon Gott vnsichtbar

E ist

ist/ so lassen wir vns solchs nicht irren/Er
ist dennoch vnser Zuorsicht/vnsere Burgk
vnd vnser Gott/auff den wir hoffen.

Derhalben lieben Freunde/lernet heute
aus diesem Vers/ das andere Recept wider
die Pestilentz / vnd alles vnglück/das man
ein gleubiges gebet vnd gesprech mit Gott
halten/vnd dasselbige on vnterlas brauchen
solle/ vnd das in dem hertzen ein solch Com-
fortatiff gebe / das es Gott für seine zuuer-
sicht/ für seine Burgk / für seinen GOtt
halte/ vnd alle seine hoffnung darauff se-
tze. Solche Ertzney sol gewis nicht leer ab-
gehen/ sie sol das operiren/ was im dritten
Vers wird folgen: Er errettet mich vom
stricke des Jegers/vnd von der schedlichen
Pestilentz Mercket nur jetzund was euch
der heilige Dauid für eine Ertzney prae-
parirt, zum nechstem wird die
operation folgen/etc.

Der Dritte
Vers.

Er errettet dich vom strick des Jegers/ vnd von der schedlichen Pestilentz.

IN erklerung vnd außlegung der ersten zweyer Versen/ dieses herrlichen Psalms/ sind E. L. berichtet worden/ was vns Menschen in sterbensleufften/ vnd andern nöten für allen dingen zuthun gebüret/ ehe dann wir auch eusserliche mittel vnd hülffe suchen/nemlich Wir sollen Gott vertrawen/vnd zu jhm allein zuflucht haben/ vnd sollen jhn ansprechen/vnd von hertzen zu jhm ruffen/ als d[er] allein vnsere zuuorsicht/ vnser Burgk/ v[nd] vnser Gott sey/auff den wir hoffen/Welc[he] drey wörtlein E. L. in nehster Predigt hab[en] hören erkleren/vnd ob wir schon viel dau[on] ge sa[gt]

E ij

gesaget haben/ so ist es doch nicht müglich/
das wir dieselben ausgründen können.

Ein Christlich hertz kan den trost viel
besser fühlen / welchen es in nöten/aus sol=
chen wörtlein hat / dann das wirs mit wor=
ten aussprechen können/ Darumb bilde jm
nur ein jeder Christ solche zweene Ver=
sein ein/ dann sie sind wie das Fundament/
oder wie es die Gelerten nennen/ das *subie-
ctum*, Was nun bis zum ende des Psalms
folgen wird/ das ist eitel lautere verheissung
vnd Göttliche zusage / von dem nutz vnd
effect,oder wie es auch die Gelerten nennen/
es sind lauter *Prædicata*, die denē folgen vnd
begegnen sollen/welche sich nach den ersten
zweyen Versen halten/ Nemlich/ Welche
vnter dem schirm des Höchsten sitzen/ vnd
vnter dem schatten des Allmechtigen blei=
ben/vnd welche von hertzen sprechen zu dem
HErrn/ Meine zuuorsicht/ Meine Burg/
vnd mein Gott auff den ich hoffe.

So viel die jetzige Lection des dritten
Vers belanget/so ist es die Erste zusagung
von dem *effect* vnd wirckung eines rechten
gleubigen gebets/ oder von der *operation* der
Geistlichen

Geistlichen ertzney/ die vns der heilige Dauid gestellet hat / Vnd wird dieser nutz also beschrieben:

Er wird dich erretten vom strick des Jegers / Vnd von der schedlichen Pestilentz.

Das sol der nutz sein/ die doppelte errettung/ erstlich in gemein vom strick des Jegers/ darnach in sonderheit von der schedlichen Pestilentz. Solchen trost sollen E. L. itzund lernen vorstehen.

Es ist in heiliger Schrifft sehr breuchlich / das sie von Jegern vnd Weidleuten/ vnd jhren *instrumenten* redet/ vnd allerley gleichnus daruon einführet/vnd gemeiniglich / wenn sie einen grossen fleis/eine grosse list wil anzeigen / welcher fleis vnd list sich doch mehr auff schaden/dann auff nutz erstrecket/ Wie denn der jeger beruff/ den wilden thieren nicht zu nutze/sondern zu jhrem schaden vnd verderben gereichet/ sintemal sie allen jhren fleis dahin wenden/ wie sie die wilden Thier fangen vnd tödten mügen. Wenn Jeger der wilden thier Patronen

E iij   vnd

vnd schutzherren sind/ dieselben mehr hegen den jagen/ so ist ihrem beruff nicht so gemes. Vnd daher tregt sichs nun zu/das die heilige Göttliche schrifft / alle list vnd behendigkeit / alle mühe vnd fleis/ der vom Teuffel vnd bösen Menschen angewand wird / andern Menschen damit zuschaden/ mit der Jeger beruffe vergleichet/ Dann gleich wie ein Jeger eines jeden wildes art vnd natur erfehret/ jm heimlich nachschleichet/ seinen lauff vnd wohnung ausspüret/vnd darnach das Netze stellet / darein ers jage/ felle vnd tödte.

Also thut der Teuffel vnd die Gottlosen auch wider andere menschen/die schleichen sonderlich den Christen nach/ lauren auff sie / erkundigen sich aller jhrer gelegenheit/ locken auch wol mit ihren süssen worten jnen das hertz aus dem Leibe/ bis sie des alles grund haben/alsdann suchen sie mancherley wege / wie sie jhnen entweder an der Seelen/ oder an jhrem Leibe vnd narung mügen schaden.

Das nennet darnach die heilige Göttliche Schrifft Jegerstricke oder Netze/ vnd
fallstrick

allstricke/darmit man die armen vnschuldigen fehet vnd berücket/des müssen wir E. L. Exempel anzeigen/ denn wie es mit wilden thieren zugehet/also gehet es auch zu mit frommen Christen/das man jhnen auff allerley weise nachstellet.

Ist einer etwa auffrichtig/der da redet wie es jme vmb das hertz ist/so trachtet man wie man jm ein gebies einlege/das er mus schweigen. Ist einer sanfftmütig/ so sihet man/wie man jhm etwas thörlichs zumute. Ist einer einsam/ so verkleinet man jhn/ als hoffertig. Ist er Leutselig / so gehet es auch one nachrede nicht abe/ In summa/es halte sich ein Christ wie er woll/so legt man jhm strick vnd netze gnug/ darinnen man jn fange/ vnd wird einer nicht so klug sein/der allen diesen stricken könne entflichen.

Dann wenn wir nur bedencken/ wie mancherley weise der Teuffel fürgenommen hat/ vns an der reinen Lehre Göttlichs Worts zuuorhindern/ was werden wir dafür listige stricke vnd netze finden? Da stellet er auff durch öffentliche feinde vnd verfolger/ als durch den Babst vnd seinen anhang/

hang/ die fahen die lieben Christen mit Gefengnüs / mit Mord/ verjagen vnd plagen/ vnd setzen jnen hefftig zu. Diese Geistliche stricke der Feinde Gottes/ meldet Dauid offt in seinen Psalmen: O wie sehrliche stricke haben Ketzer vnd Rottengeister/ als Sacramentirer/ etc.

Darnach stellet er vns nach/ durch offentliche Tyrannen vnd bluthunde/ welche die heilige Schrifft offt Jeger nennet/ Das wie die Jeger dem Wilde nachtrachten/ also stellen Tyrannen nach dem schweis vnd blut der armen Leute. Item/ da körnet der Teuffel einen an/ vnd stellet jhme das Netz der zeitlichen ehren/ reichthumbs vnd ansehens/ dardurch er jhr viel dem HErrn Christo abseht/ vnd ins Babsts oder gar in sein Reich führet / Kegen andern braucht er des stricks der Weltlichen frewde vnd wollust/ dadurch berückt er auch viel Leute/ Einen helt er für das netz der bösen Exempel/ sagt/ Ist dieses dem frey / so wird dirs auch nicht schaden. Andern stellet er auff das Netz der hoffart/ darein lauffen jhm auch viel Leute/ die sich dieselbe verführen lassen.

Vnd

Vnd das wir des Teuffels geschwei-
gen/ Was ist die Welt schir anders/denn
lautere Nimrotische vnd Jegerische stricke
vnd anschlege/ da einer dem andern schad-
örter leget/ wo er kan vnd mag. Vnd wenn
kein ander Netz were/ denn die Heucheley/
Wieuiel meinen wir wol/ das vnschuldiger
leute damit berücket werden? Da mancher
zu einem kömpt/ auffs freundlichste mit jm
redet/ bis er etwas aus jhm locket/ gehet darnach hin/ verkeret jhm seine wort/ oder legt
mehr darzu/das nent man eingelapt/welchs
zu Hofe auch ein sonderlich Weidwerck ist.

Also ist die Welt voller böser anreitzung
zu sünden vnd lastern/ da derer keines nicht
ist/ das nicht einen feinen schein hette/ dardurch es vns locket/ da wir aber folgen vnd
eingehen/das ein laster vnser Meister wird/
da sehen wir darnach/ wie wir in des Teuffels Garn vnd stricken ligen/ vnd können
vns offt gar schwerlich wider heraus wi-
ckeln/durch rechte bus vnd bekerung.

Was vnser zeitlich Gut vnd Narung
belanget/ da finden sich derselbigen Jeger
auch gnug/ die ein Netz vber das ander stri-
E v ckeln/

cken/ damit sie etwas dauon fangen vnd berücken mügen. In summa /vnser leben ist hie auff Erden so foller gefahr vnd stricke/ das wir nicht wissen / wo wir schier sicher sein mügen / Es wird vnserer Seelen vnd vnserm Leibe/ ja vnserm gute vnd nahrung allenthalben nachgestellet/vnd wir sind viel zu einfeltig vnd vnuerstendig/ das wir solche stricke vnd netze nicht allezeit sehen können/ wir würden vns sonsten wol darfür hütten / wie der Poet saget:

Quæ nimis apparent retia vitat auis.

Dieweil nu vnser leben so voller gefahr ist/ die nicht alle sind zuerzehlen/ so wil vns der heilige Dauid alhie trösten mit der Göttlichen errettung/Vnd sagt: Der HERR errettet dich/ Dich/ der du in rechtem Glauben gegen Gott stehest/ Er errettet dich vom strick des Jegers / das ist/von allen heimlichen tücken vnd listigen anschlegen / das du entweder nicht drein fallest/oder dauon erlediget werdest/ das du nicht darinne bleibest.

Vmb solche errettung wil Gott gebeten sein/ er wil jm auch dafür gedancket haben/
wie

wie wir des beides feine Exempel finden/ Psalm/ 141. Bewahr mich für dem strick den sie mir geleget haben / vnd für der fallen der Vbeltheter.

Item Psalm. 124. singen wir: Gott lob vñ danck der nicht zugab/ das jr schlund vns möcht fangen/wie ein Vogel des stricks kompt ab/ist vnser Seel entgangen/strick ist entzwey/ vnd wir sind frey/des Herrn Namen steh vns bey./ des Gottes himels vnd erden.

Solche errettungen tragen sich mit den lieben Christen in gemein/ vnd mit einem jeden in sonderheit offt zu/das wirs hernach erst erkennen/ wenn es geschehen ist / da wir zuuor die hinderlist vnd stricke nicht gemercket haben./ Wie offt macht Gott vnserer feinde listige anschlege zuschanden/ die vns nach Leib vnd Seele/ nach Gut vnd Ehre trachteten ꝛ Vnd Gott verhenget auch offt dem Teuffel vnd bösen Menschen vber vns/ das vnser Glaube dardurch geprüfet / vnd vnser Gebet geübet vnd erwecket werde/ vnd wenn sie es zuuiel machen wollen/ so zerreist er jhre stricke / sonst würden sie vnser vbel
auswarten

auswarten. Fůrwar der Teuffel stellet jtzun-
der wider auff/ vnd hat eine grosse jagt fůr/
mit seinen leid vnd bludhunden den Papi-
sten/ wir mügen wol die ersten zweene Vers
dieses Psalms fleißig vben / auff das wir
den *effectum* erlangen / den vns der dritte
Vers verheisset/ das vns Gott von solchen
jhren stricken vnd blutdůrstigen anschlegen
erretten wolle. Das ist nu in gemein von
Göttlicher errettung/ Gott ist seiner lieben
Christen / die in einfalt wandeln/ein Vor-
münde.

Als wir nu *in genere* vnd in gemein
gehört haben/ vom nutz vnd krafft
eines hertzlichen vertrawens vnd
gleubigen Gebets / das *restringirt* vnd deutet der heilige Prophet Dauid/ auch in sonderheit auff die geferliche vnd schedliche
Seuche der Pestilentz/dieselbig beschreibt er
fein artig / was sie sey / vnd zeiget zugleich
an/ wo man hůlffe vnd rettung darwider
suchen solle / dañ wir können diesen gantzen
Vers auch wol machen zu einer *definition*
dieser Kranckheit/ das sie sey ein strick oder
Netz

netz des Jegers / des Teuffels / damit er den
Leuten stellet / an allen orten / Vnd sey eine
schedliche Seuche / die eins vom andern aus
blossem anhauchen oder reden bekomme /
vnd dauon niemand / denn Gott allein erretten könne / Diese beschreibung geben eigentlich die wort allhie / vnd stimmet damit
die gantze heilige Schrifft / dann da sehen
wir / wie Gott durch sein verhengnüs den
bösen geist abfertigt / die Leute damit zu würgen / Wie E.L. aus der Histori Dauids /
newlich vernommen haben.

Darnach stehen zwey wörtlein alda /
mide berhauoth, das ist gedeutscht / Es sey eine schedliche Seuche / vnd wie das wörtlein
deber mit sich bringet / eine Seuche / die einer dem andern aus dem anhauchen oder
aus der rede zufügen könne / Da oben im
fünfften Psalm die Gottlosen beschrieben
werden / da stehet / Jhr hertz ist voller *hauoth*,
voller giffts / verderbnis / mords / etc. Vnd
mit diesem Wörtlein / wird diese Kranckheit hie auch beschrieben / vnd eine schedliche
Seuche genennet / nicht darumb / das sie den
tod bringe / dann dis thun alle andere tödliche

liche kranckheiten auch/ vnd ist der tod den
Gleubigen kein schade/ sondern ein gewin/
er komme jhnen auch von wasserley Kranck=
heiten er wolle/ Dann denen die Gott lieben/
mus alles zum besten gereichen/ wann es
auch schon diese greuliche Seuche selber we=
re/ Sondern darumb nennet er sie schedlich/
das sie die Leute so schnell vnuersehens vnd
vnbereit hinweg nimbt/ ehe dann sie es ge=
war werden/ Doraus solchen leuten erst gros=
ser schaden folget/ dann sie der tod vbereilet/
ehe dann sie mit Gott oder Menschen sich
versünet haben/ vnd weil sie noch in Gottes
zorn vnd vngnade stecken/ was solte do nicht
für grosser schaden folgen? Von solchem
schaden werden gefreiet/ vnd von der sched=
lichen seuchen errettet/ alle/ die sich nach dem
ersten zweien Versen halten/ vnd Gott jhre
Zuuersicht/ jhre Burgk vnd Hoffnung sein
lassen.

Darauff möchte nu jemand sagen:
So höre ich wol/ so müssen dis al=
les nur Gottlose Leute sein/ die an
dieser Seuche sterben/ do doch offtmals auch
viel fromme Leute in Sterbensleufften mit
auffliegen. Do machet Dauid eine antwort
vnd

vnd ein vnterschied mit dem wörtlein/ schedlich/ vnd sagt/ Das die gleubigen von der schedlichen Pestilentz sollen errettet werden. Bey den Vnchristen ist es eine verderbende Seuche vnd schedliche plage/ nicht derhalben/ das sie den tod bringet/ dann solches thun auch andere kranckheiten/ vñ mit grösseren langwirigen schmertzen vnd siechen/ Sondern darumb/ das sie Gottes zorn mit sich bringet/ vnd der ewige tod drauff folgen mus. Aber den frommen vnd busfertigen/ die vnter Gottes schirm vñ schatten bleiben/ wird solches nicht schaden/ Vnd obs vber sie keme/ sol es doch nicht ein zorn/ sondern eine gnadenstraffe sein/ Wie wir auch sehen/ das Gott gemeiniglich die seinigen/ auch leiblicher weise schützet/ die jhres beruffs warten/ vnd sich nicht mutwillich in gefahr geben. Vnd ob auch bisweilen etliche fromme mit hingerückt werden/ so sollen wirs gentzlich dafür halten/ das das rechte stündlein mit jnen komen ist/ do die Vngleubigen in Gottes zorn/ für der zeit/ ehe dann sie jhre tage zur helffte bracht haben/ hingerafft werden.

 Darumb es auch wol von nöten ist/ das wir allzumal jmerdar in bereitschafft sitzen/
wie

wie vns Syrach am 5. vermanet/ Verzeuch nicht dich zum HErrn zubekeren/ dann sein zorn kompt plötzlich/ etc. Gleuben wir doch nicht darumb/ das wir für dem Tod wollen sicher sein/ dann den haben wir gemein mit allen Menschen/ Sondern darumb gleuben wir/ das ob wir schon sterben/ wir dennoch wissen/ das vns der tod nicht schadt/ sondern das er an vns vbel ankömpt/ vnd das es jhm endlich mit vns gehet/ wie es jhm ginge mit dem HErrn Christo/ der war dem Tod eine schedliche gifft vnd Pestilentz.

Also sol dem Tod mehr schaden aus vnserm sterben erfolgen/ dann vns/ dieweil wir durch jhn desto ehe zur ewigen frewde gefördert werden. Gleich wie ein Artzt einem einen tranck gibet/ der dem Krancken nutze/ vnd dem Fieber oder der kranckheit schedlich ist/ Also haben wir gleubigen am leiblichem Tod ein solchs Recept/ das vns nützet/ Aber der gifft/ nemlich der sünden/ ist es schedlich/ dann es vertreibet sie/ vnd macht vns gar gesund dauon. Darumb fürchten sich auch Christen nicht für dem Tode/ dann sie wissen/ ob er sie schon hie würget/ es sey mit Pestilentz oder Fieber/ so hat jhm doch Christus
mit

mit seinem Tode einen solchen Tranck ein-
geschencket/daran er die ewige gifft vnd Pestilentz sol sauffen.

Das müssen wir darumb sagen/dann
viel sind so zertlich/das sie die kranckheit
nicht gerne hören nennen/vnd beflecken sich
nichts desto weniger teglich mit der Pestilentz
der Seelen/nemlich mit der sünden.

Ir viel sagen auch offtmals/Ja ich wolte wol gerne sterben/wenns nur an der schedlichen Kranckheit nicht geschehe/Aber es ist
nicht grosser vnterscheid was vns Gott für
Kranckheiten zum tod zuschicke/Es ist dem
fleisch der Tod zu wider/er komme von wasserley Kranckheiten er wolle/Vnd wenn es
solte in vnser willkür stehen/so solten wir wol
keine kranckheit finden/das wir nimmermehr
dürfften sterben/Hat doch vnser lieber Herr
Christus/vnd zwar seine lieben Propheten
vnd Apostel viel eines schmehlichern todes
müssen sterben/vnd hat jhnen an der ewigen
herrligkeit nichts geschadet/Dann es heist
noch/*Preciosa in conspectu Domini mors san-
ctorum eius.* Er komme gleich durch Fieber/
Pestilentz/oder Wassersucht/so ist es auch
besser in Gottes hende/denn in Menschen
hende

hende fallen/ On allein das macht offt frommen Christen diese Kranckheit desto abscheulicher/ weil es gemeiniglich eine sünden straffe ist/ vnd weil sie gemeiniglich aus Gottes Zorn geschickt wird. Da mache ein jeder fein die vnterscheid zwischen den Busfertigen vñ vnbusfertigen/ den vnbusfertigen gereicht es zum ewigen verderben/ Vnd wie oben gesagt/ denen ist es recht schedlich/ Aber den Busfertigen/ gereicht es zu nutz vnd frommen/ Es sol jhn nichts schaden/ noch sie von der liebe Gottes absondern/ ob es gleich wert trübsal oder angst/ oder verfolgung/ oder hunger/ oder blösse/ oder fehrligkeit/ oder schwerd/ da müge wir auch wol diese kranckheit mit her rechnen/ Wer weis was denen bereit ist/ die für dieser Kranckheit vberbleiben/ wir möchten villeicht Gott wol so grosse vrsache geben mit vnsern sünden/ das wir einmal wol diese Kranckheit möchten wünschen/ wenn es vns so gut werden köndte/ Dafür vns doch GOtt wolle gnediglich behüten.

Vnd dis sey vom dritten Vers gesagt/ was dann bey den Gottfürchtigen auff ihren glauben vnd gebet soll folgen/ Nemlich/ Gott

wil sie erretten/ vom Strick des Jegers/ vnd
der schedlichen Pestilentz / etc. Gott wolle
vns solcher seiner gnedigen zusag / gnediglich geweren/ vmb seines lieben
Sons Jesu Christi willen/
AMEN.

Der Vierdte
Vers.

Er wird dich mit seinen fittichen
decken/ vnd deine zuuersicht wird sein
vnter seinen flügeln/ Seine warheit
ist schirm vnd schildt:

Gliebten im HERren / Wir
haben in der nechsten Predigt/ mit
erklerung des dritten Vers angefangen zuerkleren/ die herrlichen mancherley
verheissungen / damit Gott hie lest trösten/
alle die jenigen / die lauts der ersten zweyer
Vers mit hertzlichem vertrawen vnd gleubi-
F ij   gen

gem Gebet/ aller hülff sich zu jm vertrösten/ Vnd ist der erste trost dieser gewesen/ das ob schon die lieben Christen hie auff erden/ von allerley heimlichen tücken vnd listigen anschlegen des Teuffels vnd seines anhanges hinderschlichen / gefangen / beruckt / geiagt vnd geplagt werden/ nicht anders/ dann wie ein Wild von einem Jeger ausgespüret vnd gefangen wird/ So wil doch Gott alle die/ so auff jhn trawen/ aus solchen Jegerstricken erledigen. Ja ob auch insonderheit frome Christen in Sterbensleufften weren/ so wil sie doch Gott entweder für der schrecklichen Seuch der Pestilentz bewaren/ oder da er sie dadurch mit hinrafft/ sol sie doch jnen nicht schaden/ wie den Gottlosen/ das ist der erste trost gewesen. Nu folget im vierdten Vers die ander verheissung vnd trost / der Göttlichen hülff / die lautet also.

Er wird dich mit seinen fittigen decken/ vnd deine zuuorsicht wird sein vnter seinen flügeln / Seine warheit ist Schirm vnd Schilt.

Da bildet sich Gott mit seinem schutz auff ein andere weise vns für/ mit zweien seinen

nen gleichnissen/ derer eins nimbt er von den
Vogeln/ die jhre jungen vnter jhren flügeln
wermen vnd schützen. Das andere nimbt er
von Kriegsrüstung/ dann wie ein Kriegs:
man in einem Sturm vnd auflauff seinen
Harnisch vnd Schilt ergreiffet/ vnd sich wi:
der seine Feinde schützet/ Also sol ein Christ
Gottes trew vnd warheit/ seinen schilt vnd
harnisch sein lassen/ in allen nöten.

    Das ist einfeltig die meinung heutiger
Lection. Das wollen wir nu ein wenig weit:
leufftiger erkleren.

ES ist geliebten im HErrn/ in Heid:
nischen vnd Biblischen Historien sehr
gemein/ das durch Vogel vnd jhre
Flügel/ vns menschlicher vnd Göttlicher
schutz beschrieben wird. Daher dann auch
das Römische Reich je vnd allewege einen
Adler zu seinem Wappen geführet/ Als wel:
cher Vogel vber seinen jungen mit seinen
flügeln schwebet/ vnd sie für der grausamen
hitze der Sonnen damit beschützet/ Also ge:
bühre auch einem Römischen Keyser/ das
gantze Römische Reich zu schützen/ vnd den
bedrengten friede zu schaffen/ das heist dar-
                  F iij   nach

nach vnter des Adlers Flügeln geseſſen/ wie auch wir/ Gottlob/ bisher vnter den flügeln des Adlers ſicher blieben ſind/ für dem Türcken vnd andern Tyrannen/ wiewol die flügel nun ſehr berupffet/ vñ die ſchwingfedern ſehr ausgezogen ſind / Als Eſdras dauon geweiſſaget hat.

Solche art des Adlers/ deutet auch der heilige Moſes auff Gott/ da er wil anzeigen den gewaltigen ſchutz/ welchen er dem Volck Iſrael geleiſtet hat / dann alſo leſen wir dauon im andern Buch Moſi am 19. Capitel/ das Gott ſelbs dem Moſi befielet/ das Volck ſeiner güte mit dieſen worten zuerrinnern: Ihr habt geſehen was ich den Egyptern gethan habe/ vnd wie ich euch getragen hab auff Adlers Flügeln/ vnd hab euch zu mir bracht/ etc. Sonderlich aber haben wirs fein im fünfften Buch Moſi/ am 32. Capitel/ in dem Liede/ welches Moſes den Kindern von Iſrael fürſinget. Sie Gottes ſchutzes vnd wolthaten zuerrinern: da ſtehet dieſer Vers auch: Wie ein Adler ausführet ſeine jungen/ vnd vber jhnen ſchwebet/ Er breitet ſeine fittich aus/ vnd nam jhn/ vnd trug jhn auff ſeinen flügeln/ etc.

Alſo

Also bildet vns der heilige Dauid hie
Gott den HErrn auch für/ da er sagt: Er/
der Allerhöchste vnd Allmechtige/ wird dich
mit seinen fittichen decken/ vnd deine Zuuor=
sicht wird sein vnter seinen flügeln/ etc. Da
malet er Gott ab/ als hett er Flügel/ Vnd/
als weren alle gleubige Christen seine jungen/
welche er mit seinen flügeln bedeckte/ das sie
darunter sicher weren/ darauff sie sich auch
tecke verliessen. Fürnemlich aber reimet sich
diese vorgleichung fein mit einer Hennen/
die jhre jungen vnter jren flügeln erwermet/
beschützt/ vnd mit jhres eigenen leibes gefahr
verthediget/ Solche art vnd eigenschafft
schreibet hie Dauid Gott auch zu.

 Weil aber wir Menschen/ solche lieb an
Gott nicht haben können erkennen noch se=
hen/ so hat er vns seinen einigen lieben Son
gesandt/ an welchem wir ja seine vnauss=
sprechliche liebe gegen vns erkennen könten/
derselbige vnser lieber Herr Jesus Christus/
vergleicht sich selbs einer Hennen/ da er vber
die zu Jerusalem klaget/ das alle seine wol=
thaten so vbel an jnen bewand gewesen/ vnd
sagt: Wie offt hab ich dich versamlen wol=
     F iiij   len/

len / wie eine Henne verſamlet ihre hünlein vnter ihre flügel / vnd du haſt nicht gewolt.

Dieſer vorgleichung ſollen wir fein nachdencken / ſo werden wir ſehen / wie ſich ſolchs ſo fein lieblich mit vnſerm lieben Herrn Chriſto / vnd zwar mit der heiligen Dreyfaltigkeit reimet.

Was findet man doch für eine natur an einer Hennen vnd jren jungen?

An der Henne ſihet man eine ſonderliche groſſe liebe gegen jhren Hünlein / wie ſie dieſelben mit jhrer groſſen ſchwacheit ausbrütet / wie ſie mit jhrer ſtimme dieſelben zu ſich locket / wie ſie jnen die Speis zerhackt / das ſie der genieſſen können / vnd wie ſie nicht allein jrer flügel zu jrer eigenen notturfft / ſondern zu jhrer jungen notturfft brauchet / für dieſelben mit gefahr jres lebens ſtreittet / vnd ſie für dem Geyer beſchützet / auch jhnen allerley zu gut halten kan / vnd da ſie zerſtrewet werden / wie ſie dieſelben wider zuſammen locket. Dagegē ſehen wir auch an den jungen Hünlein / was für kindliche liebe vnd zuuerſicht

sicht ihnen gegen der Mutter ist eingepflantzet. Wie sie vnter jre flügel sich vorkriechen/ daselbs hin alle ihre zuflucht allein haben/ da sie ihren schutz/ werme vnd trost alleine suchen.

Dieses alles beides wil vns der heilig Dauid allhie einbilden/ vnd dardurch anzeigen/ wie Gott gegen vns gesinnet ist/ vnd wie wir wider kegen jhm gesinnet sein sollen. Dann Gott hat auch seine Flügel/ das ist/ seine gewalt vnd macht/ damit er vns schützet/ Er hat auch seine Väterliche lieb gegen vns/ Er locket vns mit seinem Wort zu sich/ schicket vns seinen Son/ der vns zerstreweten/ schüchtern/ furchtsamen hünlein zur einigkeit des Glaubens versamlet/ der vns wider den Hellischen Geyer den Teuffel vertediget/ vnd welcher sein eigen leben vber vnserm schutze in gefahr vnd im Tod gibt. Er locket vns alle zu sich vnter seine Flügel/ wie er sagt Matth.11. Kompt her zu mir alle die ihr mühselig vnd beladen seid/ Ich wil euch erquicken.

Darumb reimet sich die eigenschafft einer Hennen sehr fein mit vnserm lieben Gott/ vnd dem Herrn Christo/ ja es wird auch dem heiligen

F v

heiligen Geist die Natur zugeschrieben/im
Werck der Schöpffung Gen.1. Der Geist
schwebet auffm wasser/ꝛc. Wie Basilius
das Hebreische wörtlein auslegt.

Was sol denn vns gebüren als den Hünlein?

Dieses/das wir vns seine stimme lassen
locken/vns vnter seine flügel begeben/vnd
vnsere einige zuflucht vnd zuuersicht dahin
haben/welchs alsdann geschicht/wenn wir
vns fleißig zu Gottes Wort halten/vnd
demselben von hertzen gleuben/ Dann das
sind Gottes flügel vnd fittiche/wie die lieben
Euangelisten daher mit flügeln gemahlet
werden im Ezechiele. Item/ der heilige E-
uangelist Johannes wird vergleichet einem
Adeler/ Wenn wir solchs wort nun mit fleis
hören/ vnd demselben festiglich gleuben/ so
heist es vnter Gottes flügel sich begeben/vnd
dieselben seine zuuorsicht sein lassen. Das hat
vns Gott damit fein einbilden wollen/ da er
durch Mosen den Gnadenstul also lest an-
geben/Exod.25. Das zweene Cherubin darüber mit ausgebreiten flügeln schwebeten/
vnd die angesichter zusammen kereten.

Vnser

Vnser Gnadenstul ist Jesus Christus/ in welchen wir gnade vnd versünung haben/ zu gewarten/ vber dem schweben die zweene Cherubin/ das sind die beiden Testament/ das Alte vnd Newe/ die diesen Gnadenstul bedecken/ vnd sehen gegen einander/ Dann beide Testament sind nur auff den einigen Christum gerichtet.

Den müssen wir auch vnter den beiden Cherubin/ vnd sonst nirgend anders suchen/ wie er selber sagt/ Johan. 5. Suchet in der schrifft/ denn jr meinet das ewige leben darinne zu haben/ darumb hat das glucksen vnd locken dieser Hennen nicht auffgehöret/ es weret noch jmmerdar durch die stimme aller trewen Prediger/ die vns ruffen zur Bus/ vnd trösten vns mit den flügeln der Göttlichen gnaden.

Was haben wir aber vnter diesen Flügeln für wolthaten zu gewarten?

Viererley herrlicher wolthaten können wir erzelen/ die vns begegnen/ wenn wir mit den Fittichn GOttes bedeckt werden/ vnd lassen seine Flügel sein vnsere zuuorsicht.
Dann

Dann erstlich werden wir darunter verborgen gehalten/für allem vnglück/das vns sonst begegnen möchte/wenn wir aussen herumb lauffen wolten. Wie leicht mag einem hünlein was widerfahren/wenn es nicht wil bey seiner Mutter bleiben/also mag leicht ein Mensch vom Teuffel oder Menschen verführet werden/ wenn er sich von der rechten Kirchen vnd jrer lehre wil absondern/Darumb vermanet der HErr Christus sein Johan. 15. Bleibet in mir/ so bleib ich in euch/ q. d. Lasset euch von mir nicht trennen/Begebet euch nicht von meinen flügeln/ dann sonst werdet jhr leichtlich können verführet vnd betrogen werden.

Die ander wolthat ist/das wir vnter den flügeln des HErrn Christi beschützt werden/ für dem anflug der schedlichen Geyer/ vnd Hünnerahr/ welches da sind die Hellischen Geister / mit allen jhrem anhang/ dann wie leichtlich ein Hünlein von einem Geyer oder Ahr erwischt vnd weggeführet wird/ wenn es sich ein wenig zu weit verleuffet/ Also gehet es vns Menschen auch/ wenn wir nicht stets in Gottes furcht leben/ vnd lassen Gottes Wort stets für vnsern augen sein. O wie

werden

werden wir vom Teuffel so leichtlich verfüh=
ret in sünden vnd laster. Dieweil wir dann
leider des mehrer teils jmmer von diesen flü=
geln Gottes lauffen / vnd geret einer in vn=
zucht / der ander in ehebruch / der dritte in
geitz / der vierdte in wucher / der fünffte in
schlemmen vnd demmen / vnd so fort an / so
ists kein wunder / das wir vns auch für so
mancherley Geyern vnd Hünerahren haben
zubesorgen / an einem ort für dem Türcken /
am andern ort für dem Muscowiter / vnd
andern auslendischen Kriegen / am andern
ort für Pestilentz / die vns erwischen vnd auff
fressen / wie den Jüden geschahe / da sie sich
vnter die flügel Christi nicht wolten versam=
len. Matth. 23. da hies es darnach: Wo ein
Aß ist / da samlen sich die Adler / oder Aß=
geyer / etc.

 Die drite wolthat ist / das wir vnter den
flügeln Gottes / das ist / bey seinem Wort ei=
ne feine heilsame küle Lufft haben / ein rechtes
Vmbrackel wider die heisse Sonne der trüb=
sal / dann wann die Sonne der verfolgung
vnd anderer trübsal am heissesten scheinet /
so entpfinden rechte gleubige Christen er=
quickung vnd erfrischung jhrer hertzen / wie
         wir

wir sehen/das die lieben Merterer sich nichts haben lassen an jrer bekentnüs hindern/man habe sie mit fewer oder andern plagen gemartert/sie sind darinne recht getrost/vnd frölich gewesen/ dan sie sassen vnter den flügeln des HErrn Christi wol sicher. Auff solche wolthat sihet sonderlich der liebe Dauid/ Psalm.17. Sub vmbra alarum tuarum protege me.

Da saget er auch/das vnter den flügeln Gottes feiner schatten sey/wider die hitze der trübsal.

Letztlich so haben wir auch vnter den flügeln der narung zugewarten/das wir darunder erzogen werden/vnd wachsen/dann da wir erstlich arme schwache Christen seindt/ so sollen wir doch durch Gottes Geist vnd Wort von tag zu tag gestercket werden/vnd also wachsen/das wir aus einem Kinde ein volkommener Man werden in Christo Jhesu/wie S. Paulus von sich selber auch sagt.

Dis sage ich nu alles desto weitleufftiger bey diesem gleichnüs/ das wir desto besser verstehen mügen/was wir vns zu Gott dem Allmechtigen haben zuuorsehen/welches er vns nicht allein in seinem liebē wort/sondern auch

auch mit allerley natürlichen vergleichun٭
gen einbildet.

Vnd das ist auch das aller nötigste auff
Erden/das wir wissen/wie Gott gegen vns
gesinnet ist/das offenbart er vns hie durch
ein gleichnüs einer Hennen/vnd jhrer Hün٭
lein/Esai:49. offenbart ers vns durch das
gleichnüs einer Mutter vnd jres Kindleins.

Wer wolte dann nu betrübt oder traw٭
rig sein/es sein sterbensleuffte oder kriegs ge٭
schrey/weil wir so einen gnedigen Gott ha٭
ben? Lasset vns zusehen/das wir vnter seine
flügel fliehen/vnd vns darunter halten/das
ist/das wir sein Wort hören/vnd demselben
folgen/es sollen alle Geyer vnd Hünerahr
an vns nichts schaffen/das vns schedlich we٭
re/Das sey vom ersten gleichnüs.

Da möchte nu vielleicht jemand also ge٭
dencken oder sagen/wer weis ob solches war
sey/das wir vns in allen nöten so keck vn ge٭
trost auff Gott verlassen mügen? Darauff
antwortet der heilige Dauid vnd sagt: Wir
mügen vns künlich vnd wol darauff verlas٭
sen/Dann **Seine warheit ist Schirm**
Schilt.

Das

Das ist ein mechtigs hertzlichs Sprüch=
lein / des wir billich offt solten gebrauchen/
wenn wir jemand höreten an Gottes ver=
heissiung zweiffeln/ oder in seinem Glauben
kleinmütig werden / dann da sagt Dauid so
viel / Wenn man nur von einem ding ein
Göttliche verheissung hat/ so sol man sich
so keck vnd fest darauff verlassen/als jrgent
ein Krigsman auff seine Wehr vnd waffen/
Schilt vnd Helm/Dann Gott ist trew vnd
warhafftig / in allen seinen vorheissungen/
vnd ist nie keiner zu schanden worden/ der
darauff sich verlassen hat.

Gottes zusagunge sind allen lieben Chri=
sten jhre beste rüstung damit sie bestehen wi=
der alle anfechtung vnd listige anschleg des
leidigen Teuffels. Aber gleich wie Schilt
vnd Helm/spies vnd Schwerd/ dem nichts
nützen/der derselben nicht weis noch kan ge=
brauchen/ Also helffen Gottes Zusagungen
den nichts/der nicht mit glauben die ergreif=
fet/ vnd sich damit wehret. Dann Gottes
verheissung vnd vnser Glaube gehören zu=
sammen/wie in Hebraischer Sprach *emeth*
vnd *emunath*, *Veritas & fides* einerley be=
deuten.   Was

Was hülfft die tröstliche verheissung von vergebung der Sünden/ einen Gottlosen vnd vngleubigen/ der von keiner sünde nichts weis? Es hilfft jhn so viel/als wenn einer daheim eine gute Wehr hett/ vnd liesse sie verrosten/das er sie nicht brauchete Aber wenn ein betrübt gewissen ist/das der Teuffel mit seinen sünden schrecket / das lest jhm Gottes warheit seinen Schirm vnd Schilt sein/ es wehret sich zur rechten vnd zur lincken mit Gottes verheissung/ weil Gott der Vater schwehret/ So war ich leb/ wil ich nicht den tod des Sünders/ ꝛc. Weil Christus alle arme Sünder zu sich locket / Weil der heilige Geist/durch aller Propheten vnd Aposteln mund tröstet/ Das ist einem gleubigen Christen eine bessere Wehr / dann wenn er alle kertzen vnd fahnen des Babsts gebrauchen wolte/also in allen Artickeln vnsers Christlichen Glaubens/wouon wir nur eine gewisse ausdrückliche Zusage Gottes haben/ darauff mügen wir wol trotzen/als auff einen Schilt vnd Schwerd/damit künnen wir auslesche̅ alle fewrige Pfeile des bösewichts Eph. 6. Wir können den Teuffel

G

fel auch mit keinē eisernen oder andern waffen so sehr beschedigen / als wann wir jhm Gottes Wort für die Nasen halten. Vnter Gottes Wort verstehen wir auch die hochwirdigen Sacrament / welche Gottes verheissung bekrefftigen / damit können wir den Teuffel abbrechen / der vns sonst zu listig vñ zu starck ist / vnd dem wir viel zu alber vnd zu schwach sind.

Wir können auch in aller leiblicher not vnd widerwertigkeit frölig sein / wenn wir diesen schirm vnd schilt bey vns haben.

Erhalben lieben freunde / weil dann allerley trübsal vnd anfechtung an andern orten scheinet vnd wir doch alhie des / Gottlob / des mehrer teils vberhaben sein / so last vns solches ja erkennen / vnd weil wir vnserer Sünden halben auch allerley noth vnd widerwertigkeit zugewarten haben / so last vns Gott dem Herrn vnter seine Flügel kriechen / vnd seines schutzes warten / vnd last vns als die rechten Christlichen Kriegsleut fechten / mit dem Schilt vnd Schwert der Göttlichen Warheit / damit wollen wir ob Gott will / ritterlich streiten /

feinde in die flucht schlagen/ vnd endlich das
feld vnd den frölichen Triumpff erlangen.
Dazu wolle vns helffen vnser ewiger friedes
Fürst Jhesus Christus vnser trewer
Heiland/ Amen.

Der Fünffte
vnd Sechste Vers.

Das du nicht erschrecken müssest
für dem grawen des nachts/ Für den
Pfeilen/ die des tages fliehen.

Für der Pestilentz/ die im finstern
schleicht/ für der seuche die im mittage
verderbet.

Geliebten im HERrn/ In dem
vorgehenden zweyen Versen/ haben
E. L. albereit herrlichen trost gehö-
ret/ welchen die jenigen haben zuerwarten/
die

G ij

die mit gleubigem hertzen vnd andechtigem gebet an Gott stets hangen/ Sie sollen errettet werden vom strick des Jegers/ vnd von der schedlichen Pestilentz. Sie sollen mit Gottes fittichen bedeckt werden für allem übel/ sie sollen vnter Gottes Flügeln jhren trost vnd zuuorsicht haben/ Vnd ob schon jhnen mancherley anfechtung werden zu handen komen/ so werden sie doch mit Gottes verheissung sich wehren vnd auffhalten/ wie ein Kriegsman mit seinem Harnisch vnd waffen/ Dann Gottes verheissene trew vnd warheit/ sol allen gleubigen Christen jr Wehr vnd Waffen/ jhr schirm vnd schilt sein. Dis letzte Sprüchlein haben wir E.L. ja fleißig befohlen zu mercken.

NV folgen zweene Vers die gehören zusammen/ vnd haben diese zweene Vers den auslegern viel müh gemacht/ dz sie auch vmb derer willen den inhalt dieses Psalms/ auff nichts gewisses haben richten können. Etliche haben aus diesen Versen viererley Teuffel gemacht/ die den leuten schaden zufügen / Als Nachtteuffel/ Tageteuffel/ Finsternisteuffel/vnnd Mittagsteuffel
Daher

Daher man auch diesen Psalm des meisten theils wider den Teuffel gebetet hat/ Andere habens aber anders gemacht vnd gedeutet. Aber wie wir im anfang dieses Psalms gesagt haben/ So lassen wir auch diese beide Vers einen herrlichen trost sein/ wider die schedliche Seuche der Pestilentz/ dieweil jres namens hierinne zweymal ausdrücklich gedacht wird. Darnach von diesem sondern vnglück/ mag mans auch wol deuten auff ander vnglück/ das ein Gottfürchtiger jm dafür nicht darff lassen grawsen/ darff auch nicht darfür erschrecken/ es sey zu tag oder nacht/ im finsternüs oder hellem liechte. So wollen E. L. nu erstlich diese wort mit jrem verstande anhören/ vnd darnach gewissen trost auch daraus schöpffen.

Wer inn der heiligen Schrifft mit nutz vnd frucht lesen wil/ der mus des gewohnen/ das ein ding auff mancherley weise ausgeredt / vnd offt widerholet wird/ auff das das jenige/ was etwas dunckel war/ desto deutlicher erkleret werde/ also thut der heilige Dauid hie auch/

da

da er im fünfften Vers etwas tunckel redet/ wie ein gleubiger Christ sich für der schedlichen seuche der Pestilentz nicht dürffe fürchten/ vnd sagt:

Das du nicht erschrecken dürffest für dem grawen des nachts/ Für den Pfeilen die des tages fliehen.

DA möchte ein einfeltiger dencken/ was das were/ dauon der Prophet hie redet/ Darumb wil ers etwas deutlicher fürbringen/ vnd sagt:

Das du dich nicht fürchten dürffest vor der Pestilentz die im finstern schleicht/ für der seuche die im mittage verderbet.

Was er erstlich nennet grawen des Nachtes/ das nennet er darnach die Pestilentz/ die im finstern schleichet. Was er erstlich nennet die Pfeile die des tages fliehen/ das nennet er darnach die Seuche/ die im mittage verderbet. Wenn wir nu diese beide Vers zusammen fassen/ so sind sie nichts anders/ dann eine deutliche beschreibung der Pestilentz/ mit vormeldung der natürlichen vrsachen

vrsachen/woher dieselbe entspringe oder einen Menschen ankomme/das einer könne sagen/Diese Kranckheit ist nichts anders/denn ein grawen des nachts/ein pfeil der des tages fleucht/eine Kranckheit die im finstern schleicht/vnd eine Seuche die im Mittage verderbet. Dañ erschrecken vnd grawen sind gemeiniglich verboten/vnd aus furcht vnd grausen kompt diese Kranckheit die Leute gemeiniglich an/vnd das nachtgrausen oder schrecken ist gemeiniglich am schedlichsten/wie sonst die nacht niemandes freund ist.

Wenn nu ein Mensch in sterbensleufften sich fürchtet vnd erschrickt/so leufft jhm das Blut zum hertzen/die häar stehen jm gen berge/es erkaltet der gantze leib für grawen/vnd in solchem grawen vnd schrecken/kompt die Leute offt etwas böses an/Die Nacht ist an jr selber schrecklich gnug/wenn nu grawen vnd furcht darzu kompt/so ist es zumahl schrecklich/vnd wo Gott nicht die Nacht mit Monden vnd Sternen gezieret hette/so weren wir schier den halben teil vnsers lebens als in einem kercker/oder in der Hellen selbs. Darnach nennet er die Kranckheit ein Pfeil
G iiij der

der am tage fleuchet/ Es ist ein Pfeil des
Teuffels damit er einen scheust am leibe/
wie er sonst auch seine Geistliche Pfeile hat/
damit er vnsere seelen verwundet/vnd wird
diese kranckheit wol einem Tagepfeil ver=
gleichet/ von wegen der schnellen gifft/ da er
einen Menschen so plötzlich vberfellet/nicht
einen langsam oder seuberlich / wie andere
Kranckheiten schwechet vnd matt machet/
sondern gar plötzlich auffreibet / als ob man
einen mit einer Kugel oder Pfeil zu tod ge=
schossen hette/ wie man von itzigen sterbens=
leufften an vielen örtern höret/ das die Leu=
te so plötzlich sterben/ als ob man sie zu tod
schösse.

 Es hat der Teuffel mancherley Pfeile/
damit er vns scheust in vnsere Seele/ Als
zweiffel an GOtt/ vnglaube/ verachtung
Gottes vnd seines Worts/ vertrawen auff
vnser eigene gewalt reichthumb vnd herrlig=
keit/hoffart/geitz/vnzucht/das sind schreckli=
che tödliche Pfeile der Seelen.

 Er hat Pfeil wider vnsern leib/die man=
cherley franckheiten vndSeuchen/damit er
die Leute darnider scheust / bis sie gar ster=
ben.   Er

Er hat mancherley Pfeile wider vnsere
narung vnd gütter/als wasser/fewer/krieg/
reuberey/zeuberey/ꝛc. Allhie gedenckt nur
Dauid der Pfeile wider vnsern Leib/ꝛc.

Zum dritten/nennet er diese kranckheit
mit jhrem namen/die Pestilentz/die im fin=
stern schleicht/one zweiffel daher/das dieser
Kranckheit man so vngewis ist/vnd daher
schleichet/das man nicht weis/was es ist/
oder woher es kompt/oder wohin es gehet/
darumb kan sich auch niemand recht darfür
hütten.

Wenns etwa speis oder tranck were/so
köndte mans meiden/wenns ein stanck wer/
so könte mans mit gutem geruch vertreiben/
wenns böse Lufft wer/so köndte man die ge=
mach desto fleißiger verwaren/Aber da ists
so ein schleichendes vnglück/das man weder
sihet noch höret/weder reucht noch schmeckt
bis es den schaden gethan hat.

Zum vierdten/nennet ers eine Seuche/
die im Mittage verderbet/Natürlicher weise
sagt man/Wenn die Sonne in Sterbens=
lufften heis scheinet/es werde die Seuche
wol anhalten/oder es wird wol abkeren. Al=
hie nennet ers *Keteff* eine Seuche/die da die

G v Leute

Leut verderbet/ nicht allein lagerhafftig machet/ wie andere Kranckheiten thun/ sondern gar auffreumet/ Sie grassirt vnd wütet also/ das sie auch gantze Heuser/ Dörffer vnd Stedte wüste machet/ Vnd hat jhre gewalt nicht allein in der Nacht/ sondern auch am hellen Tage.

Sehet wie schrecklich mahlet der liebe Dauid diese kranckheit abe/ das sie die Nacht nicht ruhet/ wenn sonst alle dinge still sind/ das sie auch am tage nicht feyret/ wenn ein jeder sonst mit seinen sachen gleich zuthun hat/ sie scheuht weder liecht noch finsternis/ vnd in summa/ wo sie einwurtzelt/ so ruhet sie weder tag noch nacht/ bis sie das jre vorbracht habe. Da nu jemand billich gedencken möchte/ Warumb der Prophet dieses so schrecklich möchte beschreiben/ so sollen wir gedencken/ das ers erstlich darumb thue/ das man Gottes zorn vnd grim erkennen solle/ wie derselbe ein rechtes verzehrendes Fewer ist/ wo er recht entbrennet/ vnd wo man jhn verursachet/ das er mit dieser Kranckheit straffet/ wie alsdann eitel furcht vnd schrecken/ würgen vnd verderben daselbs sey/ tag vnd

vnd nacht / bey jung vnd alt / welches zwar die erfahrung selber zeuget.

Aber fürnemlich beschreibet es der heilige Dauid darumb so schrecklich / das der trost der Christgleubigen desto grösser sey / vnd das sie sehen können / wie der Allmechtige vnd Höchste Gott / der jhre zuuersicht / jr Burgk vnd hoffnung ist / viel stercker vnd gewaltiger sey / denn diese kranckheit / vnd das alle die jenigen / so in festem glauben beharren / dafür sollen sicher sein / es sey zu tag oder nacht / es sey im finstern oder hellem liechte. Es sterben gleich die Leute wie plötzlich sie wollen. Ja ein gleubiger Christ soll nicht allein sicher sein für dem was man siehet / vnd wofür man sich menschlicher weise hüten kan / Sondern auch für den vnsichtbarn vbeln / die im finstern daher schleichen / das niemand weis / von wannen sie herkommen / vnd dem ein mensch natürlicher weise nicht wol entfliehen kan.

Das ist nu abermal ein herrlicher trost / des wir ja in sterbenszeiten wol gebrauchen sollen. Dann wenn jemandt das grawen / schrecken vnd furcht ankompt / Wie es gemeiniglich inn deuen zeiten pfleget /

So

So soll man jm einen mut fassen/ vnd nicht zweiffeln/ es sey der Teuffel/ der solche furcht vnd grausen in vnserm hertzen erreget. Dañ so ein arger böser feind ist er/ das er nicht allein one vnterlas zu tödten vnd zu morden suchet/ sondern seine lust damit büssen wil/ das er vns schewe/ erschrecke/ vnd verzagt mache/ ob ers möcht zu wegen bringen/ das wir an Gott verzweiffelten/ vnd zum sterben vnwillig vnd vnbereit würden/ vnd in solchem nachtgrawen vnser liecht den HErrn Christum verlieren/ vnd vnsern nechsten verliessen/ das were seine lust/ das wir aus furcht vnd schrecken/ vns an Gott vñ vnserm nechsten versündigten. Daher vor zeiten vnter dem Babstumb der Teuffel die Nacht so mancherley gerumpel vnd Gespenste getrieben hat/ das er die Leut durch furcht zur Messe/ Vigilien vnd anderer Abgötterey gebracht hat.

Weil wir dann wissen/ das solche furcht vnd schrecken vom Teuffel ist/ so sollen wir vns dise beide Vers dawider trösten lassen/ vns einen mut fassen/ vnd die furcht auff den Teuffel selbst treiben/ vñ sagen: Warumb sol ich mich dann so sehr fürchten/ weil ich weis
das

das ich dem Allmechtigen Gott vnter seinen
flügeln sitze/ vnd in seinem schutze bin? Ist er
doch meine Zuuersicht/ meine Burgk vnd
mein Gott auff den ich hoffe/ Ist doch seine
Warheit mein schirm vnd schilt. Kanstu lei-
diger Teuffel schrecken/ so kan mein Gott
trösten/ kanstu tödten/ so kan mein Gott lebendig machen/ hastu gifft/in deinem Maul
damit du scheust/ vnd verderbest/ mein Gott
hat dagegen viel mehr ertzney vnd leben.

Was sind alle Teuffel vnd Pestilen-
tzen gegen vnserm Gott/ der sich zu vnserm
Schutzherrn versprochen hat/ darumb last
vns dem Teuffel nicht zu liebe thun/ das wir
so gar furchtsam sein wolten/ Es ist ein gros
zeichen vnsers vnglaubens/ vnd der Teuffel spottet vnser darzu/ vnd hat seine freud
vnd lust daran.

Vnd ob wir der furcht nicht gar können
vberhaben sein/ so last vns doch gedencken/
das wir nicht allein sind/ sondern das Gott
mit vnd bey vns ist/ es sey in der Nacht oder
am tage/ es sey daheim im hause oder draus-
sen auffm Felde.

Des nemet ein fein exempel vom heiligen Patriarchen Jacob Gene. 23. In was
nacht-

nachtgrawen vnd furcht meinen wir/ das es
gewesen ist / da er im weiten felde vnter dem
blosen Himel bey nächtiger weile/ gar allein
mit dem Engel die gantze nacht kempffen
mus. Es mus trawn erstlich one furcht vnd
grausen nicht sein zugangen/ wie Oseas am
12. auch gedencket. Aber er fasset jhm einen
solchen kecken mut/ das er Ritterlich temp-
fet/ den Engel so fest helt/ das er jhn vmb erledigung bittet/ daruon bekömpt er den herrlichen namen Jsrael/ als der wider Gott gesieget hat. Da stellet sich Gott selbs zum
schrecken.

 Hat nu Jacob alles nachtgrawen hindan gesetzt/ vnd sich mit festem glauben an
Gott gewehret/ warumb wolten auch nicht
wir wider des Teuffels schrecken vnd geplerr-
re/ vns mit festem glauben wehren? Dann
durch solchen vnsern Glauben sollen auch
seine Pfeyle vnd finsternüs gar vertrieben/
vnd zu nichte gemacht werden / ob schon
dieselben noch so daher flöhen/ vnd in finsternüs daher schlichen / Das wollen wir mit
zweyen feinen gleichnüssen E. L. einbilden.

 Ihr sehet was es vmb finsternüs der
Nacht für ein grewlich ding ist/ wie sie die
gantze

gantze Welt bedecket/alle Creaturen verduncfelt/vnd gleich als in einem Kercker gefangen helt/das sie da müssen bleiben/vnd von allem jhren thun feyren/macht auch alles verzagt vnd furchtsam/vnd ist wie ein gewaltiger Tyrann/dem niemand widerstehen kan.

Aber noch dennoch ist sie nicht so gewaltig/das sie nicht das aller geringste liecht in der Welt wider verdunckelte vnd vortriebe/ dann nicht allein die Sterne/sondern ein kleines liechtlein vnd kertzlein/das da angezündet wird/widerstehet der gantzen nacht/ vnd vortreibet das grausen vnd schrecken der finsternüs/Es treibet die finsternüs zurück/ wo man das liechtlein hintrege/da mus die finsternüs weichen/vnd dem Liechte raum geben/da hilfft aller der Nacht gewalt vnd alle jhr schrecken nichts für.

Kan dann so ein kleines Liechtlein die eusserliche finsternüs der Nacht vertreiben/ mit jhrem schrecken vnd grawen/Wie solte nicht viel mehr das ewige Liecht vnser lieber HErr Jhesus Christus/vnd das Licht in vnserm Hertzen/welchs ist der Glaube an
Jhesum

Jhesum Christum alle finsternüs mit jhrem grawen vnd schrecken vertreiben/ vnd alle gleubigen an Christum von aller furcht, erledigen. Kan die eusserliche finsternüs einem brennenden liechte keinen schaden thun/ wie solte dann der Teuffel mit aller seiner Hellischen finsternüs das ewige ware liecht/ vnd die brennende fackel in vnsern hertzen verdunckeln vnd dempffen?

Eben also gehet es auch mit einem Brunquel. Da sihet man wie ein kleines äderlein wassers durchs Erdreich heraus bricht/ kaum eines fingers gros/ vnd wenn ein Tham fürgeschüttet ist/ das schon etlich hundert Centner schwer wassers auff dem quell stehen/ So lest sich doch der qual nicht vertreiben/ sondern er treibt die gantze last des wassers vber sich/ vnd quilt jmmer für vnd für.

Da nun ein solcher qual dem stehenden wasser widerstehet/ wie solte nicht der lebendige vnuersiegene Brun vnd quel des Lebens alles andere Wasser der trübsal vertreiben/ an allen denen/ in welcher hertzen dieser brun des Lebens quillet durch rechten Glauben? wie Psalm. 36. dauon stehet: *Apud te est fons*

fons vitæ, et in lumine tuo videbimus lumen. Bey dir ist der Brun des Lebens/ vnd in deinem Liecht wollen wir das Liecht sehen.

Das sage ich nu/ das wir die stercke vnd krafft eines rechten glaubens aus solchen natürlichen gleichnüssen mercken können/ wie derselbe alle furcht vnd schrecken vertreibt/ vnd in Gott stets frölich vnd guter ding ist/ wie wir das offt in Psalmen vom lieben Dauid hören/ Der Herr ist mein liecht vnd mein heil/ für wem sol ich mich fürchten? *Dominus protector vitæ meæ, à quo trepitabo? Psal. 27.*

Gleich wie wir nu Leute finden/ die in sterbensleufften gar zu furchtsam sind/ welche der heilige Geist hie tröstet/ Also finden wir derer auch wol/ die gar zu sicher vnd zuuermessen sein/ Also/ das sie Gott versuchẽ/ vnd lassen alles anstehen/ damit sie natürlicher weise dem Sterben wehren solten/ verachten Ertzney zu nemen/ meiden nicht Stede vnd Personen/ so mit der Seuchen beladen sind/ spielen vnd zechen mit ihnen/ vnd wollen solcher freidigkeit gerühmet sein/ sagen/ Wenn sie Gott wölle behüten/ so könners wol thun ohne alle Ertzney/ vnd ihren

H   Das

Das heist nicht Gott trawen/ sondern Gott versuchen/ dann dazu hat Gott ertzney geschaffen/ vnd die vernunfft gegeben/ dem Leib für zustehen/ vnd seiner zupflegen. Wer derselben nicht brauchet/ vnd doch wol hat vnd kan/ ohne seines Nechsten schaden/ vnd verwahrloset sich selber darüber/ der sehe zu/ das er nicht sein selbs Mörder erfunden werde für Gott. Dann mit der weise möchte auch einer wol essen vnd trincken vnd kleidung anstehen lassen/ vnd sagen/ Wolle jhn Gott für hunger vnd frost behüten/ so könne ers wol one speise vnd kleider thun. Vnd sagt D. Luther seliger gedechtnüs/ sein/ Solche vermessene Leute sind gerade als wenn in einer Stad ein Haus brennede/ vnd wolte niemand wehren/ sondern man liesse dem fewer seinen raum/ das die gantze Stad verbrennete/ vnd wolte sagen/ wils Gott thun/ so wird er die Stad wol one leschen/ vnd one wasser behüten.

Darumb lieben freunde/ sollen wir nicht alleine kecke im Glauben sein/ wo es vnsere vnd des Nechsten notturfft erfordert/ sondern wir sollen auch fürsichtig sein/ vnd der gifft weren wo wir können.

Dann

Dann wo ein teil gar zuuorzagt ist / vnd aller liebe des Nechsten vergist. Das ander teil gar zu thunnküne / vnd hilfft nicht weren / sondern mehren / da hat der Teuffel gut machen / vnd mus das sterben wol gros werden. Derwegen last vns dem rath vnd vermanung des Propheten folgen / so werden wir Gottes gnedige hülffe vnd beystand reichlich spüren.

Zum letzten sollen wir aus diesen beiden Versen mercken / eine feine beschreibung vnsers menschlichen lebens / wie dasselbe voller gefahr ist / Das wir weder tag noch nacht an keinem ort schier dafür sicher sein / Da kompt etwan ein grawen vnd schrecken / da kömpt etwan ein pfeil geflogen / da kömpt etwas im finstern daher geschlichen / da ist man am hellen tage nicht sicher / noch leben die Leute so rohe one alle gewissen / als hetten sie sich gar keiner furcht noch fahr zubesorgen. Aber das ist vnser trost / das wir an keinem orte / vnd zu keiner zeit alleine sind / Sondern Gott stets bey vns haben. Es komme vns nu zu handen was da wolle / so können wir fein sagen: Wenn GOTT mit vns ist / wer wil wider vns sein / ꝛc. Aber daruon

zur ander zeit/ Heut mercket die beschreibung
der Kranckheit der Pestilentz / vnd wie wir
aller furcht / vnd alles grawens vberhoben
sein können. Das helffe vns allen
GOtt der Allmechtige/
AMEN.

Der Siebende Vers.

Ob tausent Fallen zu deiner Seiten / vnd zehen tausent zu deiner rechten / So wird es doch dich nicht treffen.

Eliebten im HERrn / Nach dem ein Mensch in grossen nöten vnd fehrligkeiten stecket / nach dem wird er auch grosses vnd manchfeltigen trostes darzu bedürffen / Diemeil aber Sterbensleuffte nicht geringe furcht / angst vnd noth mit sich bringen / So wird auch desto
reicherer

reicherer trost darzu gehören/das man in solchen nöten könne frölich vnd vnuorzagt sein. Derhalben lest es auch der heilige Dauid in diesem Psalm nicht bey einem eintzelen Trost bleiben/sondern widerholet denselben auff mancherley weise/auff das es ja in solchen fehrlichen zeiten an trost nicht mangele/ Dann da hat er allbereit reichlich getröstet in vorgehenden Versen/ die E. L. notturfftiglich haben hören erkleren/das Gott die seinen errette vom strick des Jegers/ vnd von der schedlichen Pestilentz/ ꝛc.

Sonderlich aber haben E. L. in nechster Predigt vernommen/wie der heilige Dauid die Kranckheit der Pestilentz wol schrecklich beschreibet/ da er sie nennet ein grawen des Nachtes/Pfeile die am tage fliehen/Pestilentz die im finstern schleicht/ vnd eine seuche die im mittage verderbet. Aber der trost ist viel grösser das er sagt: Ein Gottfürchtiger dürffe sich dafur nicht fürchten/ vnd ob jhn eine furcht oder grawen schon ankommen wolte/ so sol er doch seinen Gott vom Teuffel weit scheiden/denn der Teuffel pfleget zu schrecken/ Gott aber pfleget zutrösten/ Der Teuffel hat sein *Deber* damit er erschrecke rket vnd verderbet/ Gott hat dagegen sein Deber sein Wort/damit er tröstet vnd bewaret/vnd auff solchen trost Gottes/sol sich ein Christ küne vnd getrost verlassen/wie wir vom Patriarchen Jacob/ vnd darnach vom gleichnuis eines eusserlichen Liechtes/vnd eines Brunquales gehöret haben. Item/wir haben nicht allein die furchtsamen getröstet/ sondern auch die vermessenen gewarnet/vnd vermunet/ das sie eusserliche mittel nicht verachten sollen/ Vnd letzlich haben wir die beide Vers gemacht zur Contrafactur vnsers lebens hie auff Erden/ wie dasselbige voller gefahr sey/ zu allen zeiten/ vnd an allen orten/ vnd das wir in aller solcher gefahr vns Gottes vnd seines schutzes trösten vnd frewen sollen. Itzund folget der Siebende Vers/ vnd lautet also:

Ob tausent fallen zu deiner Seiten/ etc. Daraus E. L. auff diese zwey Stück sol achtung geben.

ERstlich/ wie es in Sterbensleufften ein ansehen habe/ das die Leute heuffig dahin fallen/ wie ein Obs/ wenn ein starcker Wind darein gehet.

Zum

Zum andern/das Gottfürchtigen Christen solches nicht sol schaden/ Gott wolle sie darinne behüten/ etc. das wollen wir nu aus diesem Vers ordentlich besehen.

Jr haben bisher mancherley weise gehöret/ wie vns der heilige Dauid die Sterbensleuffte abmahlet/ vnd fürbildet/ Erstlich als ein Netz/das der teuffel auffstellet/darein er die Leut jaget. Item/ in nechster Predigt/ als eine Seuche/ die im finstern daher schleicht/ etc.

Allhie aber setzet er widerumb eine *causam formalem*, wie es die Gelerten nennen/ was es in Sterbens zeiten für ein ansehen habe/ oder wie es zugehe/ nemlich/ da fallen jhr auff einer seiten tausent/ auff der andern seiten zehen tausent/ als wolt er sagen/ Es gehet doch nicht anders zu/dann wie in einer Schlacht im Kriege/ da es viel Leute kostet/ da jhr viel tausent auff einmal vmbkommen.

Wenn nu in solcher not einer da in seiner schlachtordnung stehet/vnd sol sehen/ das sie also hinter jm/ für jm vñ auff beiden seitē dahin gehe/ was mus es für gedācken machen?

H iiij Mus

Mus nicht einer gedencken/ Bald kömpt es auch an dich/ da einer mitten also vnter den todten stehet/vnd den Tod gleich für augen siehet.

Also beschreibet er hie die Sterbensleuffte auch/ da das sterben hinder vnd für einem ist/ Es kömpt jm auch zu beiden seiten auff den hals/ Da wird dis haus/ dort jenes haus wüste/ do führet man sie heuffenweis einem vor den augen fürvber/ Ja es kompt wol einem selbs ins Haus/ vnter die Kinder vnd das Gesinde.

Warlich natürlicher weise ist alldo lachen zuuorbeissen/ Es lest sich viel leichter reden/ denn mit der that erfahren/ vnd selber für augen sehen. Weil es noch nicht grosse not hat/ so ist es leicht gered/ eben wie man einem reichen nicht mag vom hunger predigen/ er fragt nicht viel darnach/ weil er küchen/ keller vnd bodem voll hat. Also ist es auch noch schlecht zuhören/ ob schon tausent sterben zu deiner seiten/ vnd zehentausent zu deiner rechten/ ꝛc. Itzund hören wirs ohne sonderliches mitleiden/ wenn man saget/an dem ort sind jhr einen tag hundert gestorben/ da sind jhr in etlichen wochen so viel tausent gestorben/

gestorben/ aber wer gegenwertig dabey sein/ vnd solches selber sehen sol/ da jm seine nachbarn/ seine gute freund/ seine kinder/ ꝛc. heuffig dahin fallen. Warlich es machet andere gedancken/ es lest sich nicht also mit lachendem mute dauon reden.

Das sage ich nu/ das wir den worten ein wenig nachdencken/ damit Dauid eine grosse Sterbens not wil anzeigen/ da die Leute zu tausenten dahin fallen/ Wie zu Dauids zeiten in kurtzer zeit Siebentzigktausent menschen an der Pestilentz sturben. Vnd wie man schreibet/ das für zweyhundert vnd etlichen jaren/ zu Florentz bis in sechtzigktausent/ zu Lübeck bis in Neuntzigktausent Menschen gestorben sind./ Da heist es bey tausenten vnd zehen tausenten dahin fallen.

Von Sterbensleufften kan man dieses fallen auch auff andere not vnd fehrligkeit ziehen/ da einer grosse fahr für augen siehet/ als wo in fehrlichen Kriegen ein Herr an seinem Volcke grossen schaden nimpt/ da sie jm bey viel tausenten abgeschlagen werden/ Warlich es ist einem Herrn auch nicht wol dabey. Oder da einem sonst zur zeit des vnglücks/ seine guten freunde bey lebendigem Leibe

H v

Leibe abfallen/ die einer zuuor zur zeit des glücks auff allen seiten gehabt hat/ weil es wol vmb einen stunde/ das macht anch nicht sehr frölich/ wann man die vntrew der Welt also mus sehen. Item/ da vnser lieber HErr Christus solchen abfall erfehret/ an seinen Jüngern zur zeit seines leidens/ da sie alle von jhm fliehen/ vnd jn alleine lassen. Man kan auch hie bey bedencken/ was zur zeit der Verfolgung einem frommen Christen für frewde daraus entspringet/ wenn er sihet/ das die Leute so heuffig von Gott vnd seinem Wort abfallen/ vnd dasselbe wider verleugnen/ was sie zuuor bekant haben. Oder wo bey dem hellen lichte des Euangelij die Leute so gar sicher vnd Gottlos sind/ das wenig rechter Christen zu finden sind/ Wie der Prophet Elias darüber klaget/ 3. Reg. 19. Ich bin alleine gelassen/ der es mit dir halte/ etc.

Dis alles vnd was sich sonst mit einem für noth vnd fahr mag zutragen/ da er der Leute vnbestendigkeit sihet/ vnd er allein des vnglücks mus gewarten/ das kan man hieher ziehen/ da Dauid sagt: Es fallen tausent
zu

zu deiner seiten/ vnd zehentausent zu deiner rechten/ etc.

Wes sol man sich denn zu solcher trübseligen zeit trösten? Den trost meldet der heilige Dauid hie auch: *Ad te autem non appropinquabit*, das ist/ Ob das vnglück dir noch so sehr für augen ist/ so sol es doch dich nicht treffen.

Das ist ein grosser trefflicher trost/ *à prouidentia diuina*. Gott kan vnd wil die seinen mitten im vnglück erretten vnd behüten/ vnd sol jhn daran nicht hindern der fall vieler tausent Menschen. Er kennet die seinen/ vnd weis sie wol aus der not zuerretten. Wie die Exempel wol ausweisen. Als 2. Mac. 10. Stehet von Machabeo/ das in einem fehrlichem Kriege Gott jhn durch seine Engel geschützet hat/ da jhm auff allen seiten viel abgeschlagen wurden. Gott verheisset auch mitten in der fahr bey den seinigen zu sein. Deut. 20. *Ne formidetis, quia Dominus Deus noster in medio vestri*. Fürchtet euch nicht/ denn der HErr vnser Gott ist mitten vnter euch. Also lesen wir von den dreyen knaben im fewrigen ofen Dan. 3. Vom Daniel in der Löwen gruben/ Dan. 14.

Diese

Diese alle haben den gewissen Tod für Augen gesehen / noch dennoch hat sie Gott behütet. Darumb ob jemand in solcher not vnd fahr were/das es heuffig vmb jn stürbe/ Er vertrawe nur Gott/der kan jhn wol behüten. Wie man offt fein höret nach ausgang eines Sterbens / oder eines grossen Kriegs/das man fraget/wie bistu vbrig blieben? Das man saget / Gott hat mich behütet: Der hats freilich gethan/der lest sterben/ vnd erhelt beim leben/nach seiner Göttlichen versehung vnd ordnung/wie es sich auch offt wol zutregt/ das aus einem Hause zehen/ zwölffe oder mehr personen sterben/vnd bleibet etwan eines darinne lebendig/ die Gifft schadet dem nicht / die doch zuuor die andern alle gewürget hat.

Ein solcher Mensch erfehret mit der that/ was Dauid hie saget: Ob schon noch so viel neben dir vnd vmb dich sterben/ so soll es doch dich nicht treffen. Ist einer etwan in gefehrlicher Kriegs not/ Er tröste sich auch der herrlichen verheissung: Ob tausent fallen zu deiner seiten/rc. Wird einer auff allen seiten von allen Menschen verlassen. Er verlasse sich auff Gott / der wird jhn nicht verlassen.

laſſen. Siehet einer zur zeit der verfolgung die Leute hauffen weis von Gott abfallen/ vnd jhren weg gehen/ oder auch bey dem Euangelio so sicher werden / wie zu Noe vnd Lots zeiten. Man tröste sich/ das Gott auch die seinen in solchem fall wil behüten vnd erhalten/ wie er den Noe/ den Loth/ den Abraham vnd andere mitten vnter den Gottlosen behütet vnd erhalten hat. In summa/ der erste trost aus heutigem Vers ist dieser: *Prouidentia Dei locum habet etiam in ruina multorum millium.* Gott lest sich an seinem schutze gegen die Gottfürchtigen nichts hindern/ ob schon viel tausent neben jhnen in seinem zorn sterben/ vnd vntergehen. Wuste nicht Gott zur zeit der Belagerung Jerusalem die seinen fein heraus zuführen/ ꝛc.

Ob nu schon einer sagen wolte/ Ja das gleube ich wol/ das vnter tausenten offt einer behütet wird in Sterbensleufften/ wenn sich derselbe nach der Ertzte Regel / bey zeiten weit von dannen macht/ vnd langsam widerkompt/ Ein solcher mag dis vielleicht erfahren was hie stehet: *Ad te non appropinquabit.* Dawider stehet auch allhie/ das nicht die behüttet sollen werden/ die weit dauon fliehen/

hen/sondern die nahe dabey sind/ Es werden dir tausent an deiner seiten sterben/ für deinen augen/ noch dennoch sol ein gleubiger Christ daselbs auch Gottes schutz erfahren.

Des mügen E. L. daheim eine feine Histori lesen Exodi. am 9. Da Gott vber der Egyptier Viche eine schreckliche Pestilentz lest kommen/ aber der Jsraeliter Viche ward nicht eines versehret. Kan nu Gott solche vnterschied vnter dem Viche halten/das er durch diese kranckheit etlichs lest sterben, das andere behütet/ wie solte er nicht vielmehr solche vnterscheid zwischen den Menschen wissen zuhalten? Darumb ist allhie ein grosser ruhm vnd preis der Göttlichen Allmacht vnd seiner gnedigen versehung/ das er weis in Sterbensleufften hinweg zunemen/ vnd zuerhalten wen er wil/ vnd das er auch die kan behüten die offt mit krancken vnd sterbenden Leuten müssen vmbgehen/ wie solchs die erfahrung offtmals gibt/ das Gott solche Leute behütet.

Des sollen sich nu Gottfürchtige Christen von hertzen trösten/ Sonderlich die inn Sterbens zeiten jhres beruffs halben mit Krancken zuschaffen haben müssen/ Der
Gott

Gott/der alle jhre haar auff jhren heuptern gezelet hat/Der wisse sie auch mitten in der fahr zubehüten/darumb sol man sich desto weniger fürchten/vnd seinen Nechsten nicht verlassen.

Ein solch fein Christlich Exempel lesen wir im Eusebio, Ecclesiast. Hist. lib. 9. cap. 8. Das sich die Christen zur selbigen zeit nicht geschewet haben/auch solche krancke Leute zubesuchen vnd jhrer zupflegen/die mit anfelliger kranckheit beladen waren/für welchen sich die Gottlosen vnd auch jhre eigne freunde/doch scheueten.

Dann diese Christen gleubeten vnd wusten/das sie mit Gottes schutz vnd gnade vmbgeben waren/So thaten sie solchs auch nicht aus fürwitz oder vermessenheit/Sondern aus Christlicher Lieb/da sonst solche krancke Personen in jhren nöten gar weren verlassen gewesen/Da wollen wir niemand sein gewissen beschweren/vnd vns in die Disputation nicht weit einlassen/ob man in solchen fehrlichen zeiten fliehen oder bleiben sol/sondern wie wir oben auch gemeldet haben.

Wir

Wir Prediger rahten / das man nicht allein nur auff die leiblibe flucht dencken sol/ Sondern man sol viel mehr bedencken/wie man durch vermeidung vnd abschaffung der Sünden/ solcher straffe entfliehen möge.

Es stehet einem Kinde vbel an/wenn es nur mit dem leibe des Vaters Rutten entfleucht/ vnd doch eine zeit wie die ander in vngehorsam vnd mutwillen beharret/ ein solches Kind entleufft des Vaters rutten/vnd kömpt dem Hencker in seine hende. Also fleuhet mancher in Sterbensleufften mit dem Leibe für dieser straffe/ aber mit dem hertzen vnd gantzem leben leufft er dem Teuffel in seine hende/ dann er wird in solcher flucht nicht frömmer/ sondern erger/ sonst verbieten wir das fliehen nicht/denen/ die beruffs vnd gewissens halben abkommen können/ Wir vermanen aber daneben/ das man wol bedencken solle/was ein Christ dem andern/ ein Blutsfreund dem andern/ein Ehegenos dem andern/ Eltern den Kindern/ vnd Kinder jhren Eltern schuldig sind/das nicht aller Christlichen liebe vergessen werde/ vnd mancher durch solchs fliehen hernach sein leben lang

lang ein beschwert gewissen habe/ Dann wo
alle Reichen vnd vormügende aus einer stad
ziehen/ vnd nur die armen hinder sich lassen/
auch nicht dencken/wie die in jren nöten ver=
sorget werden mügen/ da wird mans traun
für Gott kleinen ruhm haben / der vns vn=
serm fleisch vnd blut heisset vnser brod bre=
chen/ vnd dasselbe nicht verachten/ Esa. 58.

Wen betrifft aber dieser trost in diesem Vers?

Das leret vns das wörtlein Dich/ wer
ist der Dich anders/ dann die jenigen welche
der heilige Dauid in den ersten zweyen Ver=
sen also beschrieben hat:

Wer vnter dem schirm des Höchsten sitzt / vnd vnter dem schatten des
Allmechtigen bleibet/ etc. Das ist der
Dich/ der Gott vertrawet / vnd sich jhme
durch rechtes gebet befihlet. Derhalben wer=
den alle Gleubigen in dis wörtlein Dich ge=
schlossen/ Ein jeder sehe das ers nur durch
rechten Glauben auff sich selbs deute/ vnd
aus dem Dich ein Mich mache/ Wie S.
Paulus Gal. 2. fein thut. *Qui dilexit me.*
  J   So

So wird er gewis der hülffe GOttes wol theilhafftig werden.

Vnd hieher reimet sich fein die Histori/die Ezech. 9. beschrieben wird/da schicket Gott sechs Menner aus mit tödlichen Gefessen vnd *Instrumenten*, die mit Gifft vñ Pestilentz Jerusalem schlagen solten/ Aber aus denen schicket Gott einen fürher/der diejenigen solle zeichnen an der Stirne/die da weren *gementes & dolentes*, die da seufftzeten vnd leid trugen/vñ der gezeichneten solte die sechs Menner oder Würgengel verschonen. Da hören wir/das Gott in seinem zorn seiner Barmhertzigkeit noch indenck ist/gegen den Busfertigen/die lest er zeichnen/vnd für der schedlichen Pestilentz bewaren. Vnd solche Lente werden hie auch durch das Wörtlein Dich verstanden/ die durch rechte Busse sich zu Gott bekeren/ die sol das gemeine vnglück nicht betreffen.

DErhalben solten wir vns nu aus diesem Vers prüfen/ ob wir auch solche Leute weren/ wie Dauid in den ersten zweyen Versen sie beschreibet/Dann die Busfertigen werden dieser Verheissung teilhafftig

werden

werden/die rohen sichern/die hie jhr *Gaude-amus* stets singen/die werden hie zeitlich dahin fallen/vnd dort ewiglich *gementes* vnd *dolentes* sein müssen/ Sie werden mit dem reichen Mann in ewigkeit heulen vnd wehe klagen müssen.

Das sey von diesem Vers gnug/Gott behüt vns gnediglich/das wir solch heuffiges hinfallen nicht sehen dürffen/ vnd da wirs jtzund von andern örtern erfahren/das es doch vns nicht müge treffen. Das helffe vns Gott der Vater/Son vnd heiliger Geist/ Amen.

J ij

Der Achte vnd Neunde Vers.

Ja du wirst mit deinen augen deine lust sehen/ Vnd schawen wie es den Gottlosen vergolten wird.

Denn der HERR ist deine Zuuorsicht/ der Höheft ist deine zuflucht.

Eliebten im HERrn/ Es hat vns der liebe Dauid bisher in diesem herrlichen Psalm viel vnd mancherley herrlicher verheissung gethan/ derer sich alle Gottfürchtige von hertzen trösten sollen/ wenn sie etwan an denen orten sind/da Pestilentz vnd Sterbensleuffte regieren/ Er hat gesagt: Gott wird dich erretten vom strick des Jegers/ etc. Sonderlich aber haben E.L. nechst gehört aus dem siebenden Vers/ wie es pflege in Sterbensleufften zuzugehen/ das jhr da tausent/ dort zehentausent fallen/

noch

noch dennoch sol es einen Gottfürchtigen nicht treffen.

Da ist erstlich erkleret worden/ das wörtlein fallen/ wie mancherley weise sich das zutragen kan/ das die Leute hauffen weis dahin fallen/ in Sterbensleufften/ in Kriegszeiten/ in vnglück/ da die Leute bey lebendigem Leibe abfallen. Item/ zur zeit der Verfolgung/ da man von Gott vnd seinem lieben Wort abfelt/ etc.

Wider solchen mancherley abfall der Menschen/ hat der heilige Geist einen Gottfürchtigen getröstet/ Es wird dich nicht treffen/ denen wörtlein haben E. L. fein fleißig sollen nachdencken/ das die Göttliche Versehung sich vber einen Christen erstrecke in der grösten gefahr/ wenn es sonst zu tausenten dahin felt/ wie er der Israeliter Vieh verwarete/ da der Egypter Vieh mit Pestilentz geschlagen ward/ Exod. 9. Item/ das Gott behüten kan/ wenn man nicht allein weit von einem vnglück ist / Sondern wenn einem auch schon das vnglück auff allen seiten vmbringet hat: **Ob tausent fallen zu deiner seiten.**

Letzlich

Letzlich haben E.L. jnē das wörtlein Dich/ wol einbilden sollen/ dann daran ists gar ge legen/das ein jeder gleube/er sey der Dich/ vnd mache ein Mich daraus wie jhr vom ex empel Pauli Gal. 2. vnd aus dem Ezech. 9. von den gezeichneten gehöret habt.

Nu folget im achten Vers etwas von den Gottlosen/ wes sich die dannin Ster benslcufften zuuorsehen haben/ Nemlich/ Gott wolle jhnen damit jhr Gottloses leben vergelten/ daran die Gottfürchtigen jhren lust sehen sollen/ dann Gott ist derer Zuuor sicht/ vnd der Höchste ist jhre Zuflucht. Do haben E.L. aber auff zwey stück sonderliche achtung zugeben/Erstlich/ wie es in Ster benslcufften des mehrer theils vber die Gott losen gehe/auff das auch hie zeitlich jhnen jh rer Sünden halben vergeltung geschehe.

Zum andern/vom trost der Gottfürch tigen/das sie solchs nicht mit schrecken/ son dern mit lust sehen sollen/das Gott sein wort vnd Warheit also bekrefftiget/die bösen zu straffen/ vnd die frommen zu schützen/dann Gott ist jhre Zuuorsicht/ etc. Diese zweene Vers sollen E.L. dismal lernen verstehen.
Es

Es ist bisher Geliebten im HERrn/ viel gesagt worden/ von der schrecklichen Plage der Pestilentz/ darüber einem wol die gedancken einfallen möchten/ Was dann Gott darzu verursache/ das er die Leute bey tausenten vnd hauffen weise dardurch auffreume/ Warumb er dann solche Pläge schicke? Darauff antwortet hie der liebe Dauid/ Er schicke sie darumb/ *Vt sit retributio impiorum*, Das solche Kranckheit vnd Seuche solle sein eine vergeltung oder bezalung der Gottlosen/ das jnen Gott jhre sünde vnd Gottloses Leben damit auch zeitlich vergelte.

Was kan doch deutlicher gesaget werden *de causa finali Pestis*, Wozu oder warumb GOtt damit heimsuche/ als eben dis wörtlein/ GOtt wil den Gottlosen damit vergelten jr sündliches leben/ Sie haben sich an keine mündliche straffe keren wollen/ haben alles verlacht vnd veracht/ was man jhnen von Gottes Zorn gesaget hat/ Darumb mus jhnen GOTT eine solche sichtigliche Straffe zuschicken/ darbey sie sehen können/ das jhnen GOTT auch hie zeitlich ihr Gottlos

Gottloses leben nicht wolle vnvergolten lassen/ Vnd das Gott an keines menschen sünden einen gefallen habe/ sondern dadurch zur straffe verursachet werde.

Mit diesem wörtlein wird alles dis bestetiget/ was wir zum eingang dieses Psalms gesagt haben/ von der vrsache der Pestilentz/ das sie entspringe vnd herkomme/ nicht aus vergiffter Lufft/ aus vngewitter/ etc/ Sondern fürnemlich aus vergiffter sündlicher art vnnd natur der Menschen / Solche sünden kan Gott die lenge nicht leiden/ sondern mus dieselbigen straffen/ nicht allein mit Krieg vnd tewrung/ Sondern auch mit schrecklichen Sterbensleufften/ vnd greulicher Pestilentze. Solches heist darnach eine *retributio*, eine vergeltung oder bezalung der sünde. Wenn Gott einmal den Gottlosen ablohnen wil/ so pflegt er solche schreckliche Plage zuschicken/ wie auch andere Plagen nichts anders sind/ dann ruthen Gottes/ damit er die sünden der Menschen straffet vnd heimsuchet/ wie wir oben das zeugnis aus dem 3. Buch Mosi am 26. vnd aus dem 4. buch Mosi am 14. cap. eingefüret haben.

Solche *retribution* vnd vergeltung der

Sünden

Sünden wird an manchem orte lang auff=
gezogen/vnd ob schon Gott offt drewet/So
lest er doch die straffe nicht gar folgen/ Er
wartet bis das mas der sünden erfüllet wird/
wie E. L. daheim fein lesen mügen Gen. 15.
Das der Amoriter missethat noch nicht er=
füllet waren/ darumb verzog Gott mit seiner
straffe gegen jhnen noch vierhundert jar. Al=
so sagen wir jtzt offt / Es ist lang kein gros
Landsterben gewesen/es wird wol kommen/
wenn wir nu vnser mas der sünden wol er=
füllen/wie es jetzt fast geheuffet ist/da sol als=
dann die *retributio* vnd vergeltung von Gott
widerfaren/ Gott vergilt nicht bald / aber
wo man nicht auffhöret/ da bringt er seinen
vorzug mit seiner vergeltung wol wider ein.

Aus dem folget nu fein / weil Gott die
Sünden der Menschen/ mit so mancherley
straffen vnd plagen vergilt/das er daran kei=
nen gefallen haben kan / es betriege sich nur
yemand selber/vnd lasse jhm den Teuffel die
gedancken nicht einbilden/ als sehe Gott
nicht seine sünde vnd Gottloses wesen/ als
würde jhm solchs stets für voll hinaus ge=
hen/ wie der Leute gar viel sind auff Erden/
die gewis nicht anders gedencken/ dann als
                J v   würde

würde jhnen alles für voll hienaus gehen/ wie sie es treiben. Aber allhie hören wir etwas anders/das Gott solchs nicht allein sehe / Sondern er wolle es zu seiner zeit auch wol vergelten/ vnd wie die arbeit ist/ so solle die belohnung auch sein/die arbeit heist sünde vñ Gottlos wesen/die belohnung sol heissen / der sünden straff vnd vergeltung/nemlich/ Krieg/ Pestilentz vnd tewre zeit/etc.

Das mercket aus diesem Vers erstlich/ Gleich wie Gott durch sünde zu seinem zorn verursachet wird/also wil er sich durch rechte Busse vnd bekerung auch widerumb zur Gnade bewegen lassen / Wo man aber eine zeit wie die ander in sünden vnd vnbusfertigkeit beharret/da sol solchen Leuten endlich hie auff Erden mit Pestilentz vnd andern Plagen / vnd dort mit Hellischem Fewer ewiglich vergolten werden/ wo sie sich nicht bessern vnd abstehen.

Ob aber auch zu solcher zeit/wenn Gott solche Straff kommen lest/ schon viel frommer Leut mit weg geraffet werden/so heist es doch eigentlich nur ein *retributio impiorum*, eine vergeltung die vmb der Gottlosen willen

len konte/ vnd nicht vmb der frommen willen/ die jhre Sünde erkennen vnd sich bessern. Eben wie die Sündflut vmb der Gottlosen willen geschickt ward/ vnd musten dennoch die vnschüldigen kindlein vnd vieh mit herhalten/ vnd wie der König von Babel vmb der Gottlosen willen von Gott für Jerusalem geschickt wird/ vnd mus dennoch Daniel vnd andere fromme mit weg gefürt werden. Also gehets in Sterbensleufften auch zu/ den gottlosen heist es *retributio peccatorum*, den Gottfürchtigen aber/ die damit heim gesucht werden/ heist es *liberatio à malo* Eine erlösung von allem übel.

Derhalben es auch den Gottlosen schrecklich/ vnd den Gottfürchtigen tröstlich ist. Dann gegen den Gottlosen erzeigt sich Gott als ein Richter/ gegen den frommen als ein gnediger Vater. Lies doch Gott den fromen Job vnd Lazarum eben geplaget werden/ wie Herodem vnd Antiochum/ aber es hat mit einem viel einen andern ausgang/ dann mit dem andern/ Job vnd Lazaro/ war es nur eine Probe jhres Glaubens/ Herodi vnd Antiocho/ war es eine vergeltung jhres gottlosen lebens.   Den

Derhalben lasset vns solche vnterscheid wol mercken/ das wir in solchen gemeinen Landplagen vnd sonderlichen straffen/ vns viel eines andern zu Gott versehen können/ dann die Gottlosen thun dürffen/ dann jnen ists eine vergeltung vnd ernstes gerichte/ vns ist es eine Väterliche Probe/ vnd züchtigung wie 1. Cor. 10. sihet/ Das sey gnug vom ersten theil dieser Predigt/ das Sterbensleuffte sind eine vergeltung der Gottlosen.

Wes haben sich aber die Gottfürchtigen hierinne zu trösten?

Nicht alleine des/ das wir bisher gehöret haben/ das sie Gott wil erretten/ mit seinen fittichen decken/ vnd das sie das vnglück nicht sol treffen/ sondern/ das sie auch mit jren augen jhren lust daran sehen sollen. Das ist etwas seltzames / Es ist ja warlich wenig lust vnd freude daran zusehen/ wenn die Leut so heuffig hinweg sterben / vnd wenn einer schon lust daran haben wolte/ so wer es nicht so gar Christlich/ sich anderer Leut schadens vnd vnglück also frewen/ aber da sollen E.L. des heiligen Dauids wort fein lernen verstehen.

hen. Wir können aus vnser vernunfft nicht anders schliessen/ noch für billich achten/ dañ das es hie auff Erden den frommen wol vnd den bösen vbel gehen solle/ das düncket vns billich sein.

Nu keret sichs aber offt vnd gemeiniglich also vmb/ das es den Gottlosen eine zeitlang wol/ vnd den Gottfürchtigen dagegen vbel gehet. Wenn wir solches nu sehen/ oder an vns selber erfahren müssen/ so pflegen wir offt vber dem glück der Gottlosen/ vnd vber vnserm eignem vnglück trawrig zu werden/ wie dann solches auch die aller grössesten heiligen betrübet hat/ wenn sie gesehen haben/ das es den Gottlosen so wol gangen ist/ dauon E.L. mügen lesen/ den 37. Psalm/ Erzürne dich nicht vber die bösen/ Sey nicht neidisch vber die Vbeltheter/ etc.

Item/ den 73. Psalm: Ich hette schier gestrauchelt mit meinen füssen/ Mein trit hette gar nahe geglitten/ denn es verdros mich auff die ruhmretigen/ da ich sahe/ das es den Gottlosen so wol gienge.

Jeremie 12. Warumb gehets doch den Gottlosen so wol/ vnd die verechter haben alles die fülle? Also *expostuliret* der Prophet

phet Abacuc cap. 1. mit Gott vber dem glücke der Gottlosen/ Warumb sihestu dann zu den verechtern/ vnd schweigest/ das der Gottlose verschlinget/ den/ der frömmer ist den er? In summa/ das ist sehr gemein/ das sich die frommen ergern am glück der Gottlosen/ vnd die Gottlosen sich ergern am creutze der Christen. Wieuiel frommer Christen krencket das grosse glück des Türckischen vñ Bäbstischen Reichs/ das solche grewliche Feinde vnd lesterer Göttliches namens so hoch sollen gestiegen sein/ vnd sol jnen jmer wolgehen? Dagegen wieuiel Leute fallen vom Euangelio/ vnd gesellen sich zu den Gottlosen/ weil sie sehen/ das die Christen so mancherley vnglück vnd trübsal vnterworffen sinde? Wider solche gedancken vnd trawrigkeit tröstet Gott seine lieben Christen offt von vnbestendigkeit des glücks der Gottlosen/ wie im 37. Psalm stehet: Dann wie das gras werden sie bald abgehawen/ vnd wie das grüne kraut/ werden sie vorwelcken.

Also tröstet er auch die Christen von vergencklichkeit jhres Creutzes/ Es werde bald in eine freude verwandelt werden. Ein solcher chte trost ist es hie auch. Las nur die Gottlosen prangen / stoltzieren / mutwillen vnd sünde gnug treiben / es sol jhnen wol eingedrencket vnd vergolten werden / das du solt deine lust daran sehen / nicht / das du so froh werest jhres vnglückes / Sondern das du sehest / wie Gott so warhafftig ist in seinen Verheissungen vnd drewungen. Es weret doch beides nur ein kurtze zeit / der Gottlosen pracht / vnd der Christen trübsal. Darnach so mus man an den Gottlosen ein solches ende erfahren / das man mus sagen: *Iustus es Domine, & rectum iudicium tuum*, vnd das man seine lust daran haben mus.

Also verheisset Gott hie den Gottfürchtigen lust vnd wolgefallen aus dem vnglück der Gottlosen / nicht vmb vnsers rachgirigen fleisches willen / das es sein mütlein damit külen solle / Sondern vmb seiner Göttlichen Warheit willen / das wir mit solchen Exempeln vnsern glauben stercken sollen.

Wenn nu Gott Pestilentz schicket / so thut ers fürnemlich darumb / das bösen bube dardurch gestewret werde / vnd das sich die Christen daran bespigeln / weil die Pestilentz etwan

etwan einen geitzwanst hinweg genommen hat/ So sagt man/ Lieber Gott du bist je gerecht vnd warhafftig/ der Mensch hatte nimmermehr gnug/ niemand kůnte seiner geniessen/ Er ist hinweg/ sein gut ist da blieben. Also sagt man von den Ehebrechern vnd andern/ wenn sie die Pestilentz geholet hat/ Es ist aber eines bösen Bubens weniger worden.

Was meinen wir/ das die gantze Christenheit für lust vnd frewde daran haben würde/ wenn Gott mit Pestilentz oder anderer straffe des Babsts oder Türcken Tyranney tilgete/ vnd seine Christliche Kirche daruon errettet? Das wird auch Gott thun zu seiner zeit durch den Geist seines Mundes/ wie er allbereit daran angefangen hat/ das er vnd wir lust vnd frewde daran werden habe/ Es wird jhre *retributio* auch einmal geschehen!

Jeses nu lieben freunde/ solte billich den Gottlosen zum schrecken/ vnd vns zum trost gereichen/ das sie lerneten/ wie jhre sünde nicht wird vngestrafft bleiben/ vnd das wir auch sehen/ wie Christen künlich auff Gottes Wort sich mügen verlassen/ vnd das

das auch wir Christen lerneten vns für Gottes zorn fürchten/ vnd gedechten/ Wil Gott also mit Pestilentz sünde vergelten vnd straffen/ so mus ich mich für sünden hüten/ vnd frömmer werden/ das mir nicht solches auch widerfahre. Sagt nicht Christus zu dem lamen/ den er gesund machte/ Sündige fort hin nicht mehr / auff das dir nicht etwas ergers widerfahre Joan. 5. Das sey nu von denen Worten.

Ja du wirst mit deinen augen deine lust sehen/ vnd schawen/ wie es den Gottlosen vergolten wird.

JM Neunden Vers widerholet der heilige Dauid abermal die vrsach / vmb welcher willen ein Gottfürchtiger von Gott behütet werde/ Denn der Herr ist deine zuuersicht/ der Höheste ist deine zuflucht.

Wir sagen fein/ Wer Gott vertrawt/ der hat wol gebawt/ freylich wol gebawt/ denn der Gott ist seine Zuuorsicht/ darauff er sich verlest/ So ist GOtt auch sein *Maon,*
K   sein

sein *Asylum*, dahin er zuflucht hat/wie vnter
den Jüden etliche Freystede waren/ dahin
die jenigen zuflucht hatten/ die vnuorsehens
einen Mord begangen hatten/ da waren sie
sicher/ man dorffte sie daselbst nicht greiffen.

Also wer auff Gott seine Zuuersicht
vnd Zuflucht setzet/ dem kan weder Pestilentz
noch ander Vnglück schaden/ denn es ist der
Höchste/ sein Regiment bestehet am festen/
vnd am lengsten/ wie man sihet an allen
Monarchien von anbegin der Welt/ ob sie
schon auch hoch gestiegen / sind sie doch zerstoben
vnd zerflogen/ Aber des Allmechtigen
vnd Höchsten Gottes Regiment vnd gewalt/
bestehet bis in ewigkeit/ Darumb
können auch die/ so auff jhn trawen/ in ewigkeit
nicht zuschanden werden. Aber dauon
ist oben in den ersten zweyen Versen oberflüssig
gesaget worden/ darumb wollen wirs
hie nicht widerholen.

Mercket dismal aus dem achten Vers/
warumb Gott Pestilentz vndSterbensleuffte
schicke/ Nemlich/ den Gottlosen jhre sünde
zuuergelten. Zum Andern/ Wes sich
dann die Gottfürchtigen haben zutrösten in
solcher

ſolcher vergeltung/ ſie ſehen jhre luſt dran/ das Gott ſo warhafftig iſt/ die böſen zuſtraffen/ vnd die frommen zu ſchützen/ Vnd ſolches thun ſie deſto mehr/ dieweil Gott jhre Zuuerſicht/ vnd der Höchſte jhre Zuflucht iſt.

Der Allmechtige Gott ſtercke vnſere Zuuerſicht vnd Zuflucht/ das wir vns der Gottloſen Vergeltung alſo frewen/ das wir vnſere Buſſe vnd bekerung nicht vergeſſen/ Amen.

Der Zehende Vers.

Es wird dir kein vbels begegnen/ Vnd keine Plage wird zu deiner Hütten sich nahen.

Geliebten im HERRN/ Wiewol wir aus diesem Psalm bisher labsal vnd stercke gnugsam solten empfangen haben/ wider den zeitlichen todt vnd allerley andere trübsal vnd widerwertigkeit/ Sintemal so viel herrlicher Verheissung vns dawider sind fürgehalten worden/ bis in nechster Predigt der Königliche Prophet vns auch wider alles schrecken vñ furcht so herrlich vnterrichtet hat/das wir nicht allein nit erschrecken sollen/weñ es in sterbensleufften so heuffig die Leute weg nimpt/sondern wir sollen viel mehr vnsere lust daran sehen/das den Gottlosen so wol vergolten wird. Da dann E. L. fein gehört haben/

warzu

warzu Gott fürnemlich sterben/ vnd andere plagen schicke/ dazu das es sein solle eine
retributio impiorum. Item / warumb
GOTT mit solcher vergeltung offt lang
auffzihe/ehe er sie schicket/vnd wie die Gottfürchtigen jhre lust vnd frewde sehen am vntergang der Gottlosen/ nicht vnsers rachgirigen fleisches halben/sondern vnsers Glaubens halben/denselben damit zu stercken/ꝛc.

Wiewol wir nun/ sag ich/ bisher reichlich gnug getröstet sind worden/ Jedoch höret der heilige Dauid noch nicht auff/ sondern feret in solchē trost fort/vnd setzt itzund
erst abermal einen herrlichen Vers / Sagt:

Es wird dir kein vbels begegnen/
vnd keine plage wird zu deiner Hütten sich nahen. Diesen Worten wollen
wir jetzund ein wenig nachdencken/ vnd diese
zwey stücklein daraus anzeigen.

Vm ersten/wie Dauid hie einem Gottfürchtigen menschen verheisset/insonder-
heit seiner Person halben sicherheit für allem
vnglück: Es wird dir kein vbels begegnen.

Darnach

Darnach / wie er auch einen frommen Gottfürchtigen versichert seines gantzen Hauses halben / Vnd keine Plage wird zu deiner Hütten sich nahen.

Das möchte trawn ein rechtes *Salua guardia*, ein sicherer Gleitsbrieff sein / darinne einem Gottfürchtigen schutz vnd schirm für seinen Leib / vnd alles was er hat / wird zugesagt. Dauon wollen wir ein wenig sagen. So ein kurtzer Vers als das ist / so ein grosser vberflus Göttlicher Verheissung ist darinne / dañ er sagt von zweyerley vnglück / die er nennet Vbel vnd Plage / dardurch die Gelerten verstehen solch vnglück / das einem Menschen mit rath oder that mag zugefügt werden / wie Joseph mit rath vnd that von seinen Brüdern verfolget war / als er jhnen hernach fürwarff: *Vos cogitastis de me malum, Deus autem hoc vertit in bonum, &c.*

Darnach setzet auch der heilige Dauid zwey wörtlein / Begegnen vnd Zunahen / darmit man auch wil eine solche vnterscheid machen / das etliche vbel einem Menschen zu hant en komen / vnuorsehens oder plötzlich / etliche aber darüber vom Teuffel vnd Gottlosen

losen lange gerathschlaget ist worden. Derer
keines sol einem Christen widerfahren.

Zum Dritten/ setzt er zwey vnterschiedliche
wörtlein/ Dir/ vnd Deiner Hütten/
damit er Person vnd alle Gütter eines Christen
fasset/ das er beide an seiner Person vnd
an seiner Heußlichen nahrung vnglücks solle
vberhaben sein. Sehet wie in wenig worten
so ein grosser vberflüßiger Trost ist/als
wolte der heilige David sagen/ Einem solchen
Menschen/ wie ich oben im ersten vnd
andern Vers beschrieben habe/ dem sol wider
mit rath noch that/ wider an seinem eigenem
Leibe noch an seiner Nahrung/ wider
fürsetziglich noch vnuorsehens etwas können
geschadet werden.

Wie köndte ein Christ besser versichert
werden/ wider alles vnglück. Wenn schon
in Kriegszeiten einer von einem grossen Herren
ein *Salua guardia* einen versicherungs
Brieff hat/ Es hilfft wider den mutwillen
böser buben so viel als es kan/ können sie nicht
öffentlich einem etwas schaden/ so thun
sie es doch heimlich/ können sie es mit der
that nicht vorbringen/ es mangelt jhnen
fürwar

fürwar nicht an willen/ dürffen sie einen
nicht beschedigen an seinem leibe/ so sehen sie
jo/ wie sie sein haus/ viehe vnd anders et=
wan beleidigen oder beschedigen mügen/ wie
es denn in kriegszeiten zugehet/ das schier
kein geleit einen helffen kan. Aber allhie gibet
vns der grosse König Dauid/ von wegen des
allmechtigen Gottes/ ein solchs geleite/ dar=
auff wir vns vnserer person vnd nahrung
halben wol vorlassen dürffen/ Vnd ob es
dem Teuffel vnd seinen gliedern schon am
wollen nicht mangelt/ vns an Leib vnd Seel/
an gut vnd ehren zubeschedigen/ so sol ihm
doch das werck nicht vergünnet werden/
wie solchs gar fein herrlich am lieben fromen
Job zu sehen ist. Do klaget der Teuffel selbs
vber solch *Salua guardi*, das jhm Gott gege=
ben hat/ da er sagt: Ja Job hat gut from
sein/ du hast jhm nicht allein gnug gegeben/
sondern du hast jhn vnd sein haus/ vnd alles
was er hat/ rings vmb her verwaret/ du hast
das Werck seiner hende gesegnet/ vnd sein
gut hat sich ausgebreitet im Lande.

Da höret jhr wie dem Teuffel dis so hoch
zu wider ist/ das Job in solchem geleite bey
Gott sein solle/ vnd das er jhm gerne schaden
wolte

wolte/wenn er für Gott dürffte. Da erfur
der liebe Job diese zusag: Es wird dir
kein vbels begegnen/vnd keine Plage
wird zu deiner Hütten sich nahen.

Dergleichen zusage hat Gott seinen lie
ben Christen hie vnd sonst an andern orten
der Schrifft auch gethan/ als Zach. 2. Wer
euch anrühret/ der rühret mir meinen Aug=
apffel an. Item/im selben capitel sagt Gott
auch/ er wolle seinen Christen sein eine few=
rige Mauer vmb sie her/ etc.

WJder diese tröstliche Zusag wird aus
Gottes Wort dagegen fürbracht/ wie
es denn komme/ das den lieben Christen am
meisten vnglück begegnet/ welchs neben teg=
licher erfahrung auch viel schöner Sprüche
bezeugē/ Darauff antwortet man sein also:
*Omnes promissiones corporales sunt intelli-
gende cum exceptione crucis & castigatio-
nis.* Das ist/ Alle die Verheissungen die vns
Gott thut von zeitlichen leiblichen dingen/
als von gesundheit/reichthumb/frewde/etc.
die sol man also verstehen/ so ferne vns das=
selbe auch nützlich vnd gut sein müge/ dann

K v   mancher

mancher hat vnd brauchet solcher zeitlicher ding zu seinem schadē vnd verdamnüs/ darumb sollen vnsere Gebet vnd zeitliche dinge allezeit *temperirt* werden mit dieser Conditi-on, S i uis, Herr so du wilt/ oder so du es erkennest/ das es mir nützlich vnd gut sein müge/ etc. So wollestu mir dieses oder jenes widerfaren lassen.

An der Warheit der Göttlichen Verheissungen dörffen wir lauter nichts zweiffeln/ Aber Gott sihet vnd weis wol was vns am nützlichsten ist/ darumb gibt er offt seinen frömmesten Christen an stad des Reichthumbs/ Armut/ an stad der Gesundheit/ Kranckheit/ an stad der Frewde/ Trawrigkeit/ etc. vnd thut doch solches eben darumb/ das er die warheit seiner Göttlichen verheissung damit bestetige. Dann eben damit/ das Gott vber seine Christen souiel vnglück verhenget/ vnd sie doch darunter behütet/ vnd wider heraus errettet/ bestetiget er dis/ das jhnen kein vbels one seinen willen mag begegnen/ vnd das one Gottes Willen sich keine Plage zu jhrer Hütten sich nahen/ da auch schon solches geschicht/ so mus es jhnen
doch

doch zu ruhm vnd ehren gereichen / Wie
solchs das einige Exempel des lieben Jobs
beweiset/ der verlest sich auff solche zusagung
Gottes / er erferet auch endlich/ das sie war
sind/ vnd hat das lob/ das er sich in dem al=
len gegen Gott nicht versündiget habe. Wie
seine Freunde aus seinem Creutz jhn beschül=
digen wolten/ er müste nicht from sein/ weil
jhn Gott also lies geplaget werden.

    Darumb lernen wir aus vnsern vnd an=
derer Christen trübsal vnd erledigung/ das
GOTT warhafftig sey/als der seine Chri=
sten nicht allein für vnglück vnd allem vbel
behütten kan / Sondern der sie auch darein
stecken vnd wider heraus erretten kan.

    Waraus wolten wir doch Gott lernen
für Warhafftig vnd Allmechtig erkennen/
wenn er nicht dis beweiset hette/ das Gott=
fürchtige in höchster not vnd fahr von jhm
sind behütet vnd daraus errettet worden ?
Das mercket fein/ das wir vns am Creutz
vnd trübsal der Christen nicht ergern dürf=
fen. GOTT weis wol/ wo er vns für vn=
glück behüten/ wo er vns drein lassen fallen/
vnd

vnd wo er vns daraus wider erretten sol/Er lest es offt vber vns komen/ nicht zu vnserm schadē oder verderben/ sondern vnsern glauben zu probiren/vnd vns desto freidiger vnd kecker zumachen / seinen verheissungen zu gleuben. Dann durch *Contraria*,durchs widerspiel mus Gott seine Warheit vnd Allmechtigkeit an vns beweisen/ Sollen wir gleuben/das Gott gesundheit vnd reichthum in seinen henden habe/ wie können wir besser zu solchem Glauben kommen/ dann durch Kranckheit vnd Armut/da vns Gott daraus erret/wie Job solchs erfur/ da jhm Gott gesundheit/vnd alles gedoppelt wider gab/das er jhm zuuor hat nemen lassen. Sollen wir gleuben / das Gott Gerechtigkeit vnd Leben habe/ wie können wir besser darzu kommen/ denn durch erkentnüs / oder fühlen vnserer Sünde/vnd durch den zeitlichen Tod.

In summa/ *Promißiones Dei non tollunt probationes fidei.* Wir hören nicht darumb solche Verheissungen Gottes erkleren/ das wir alles creutzes wolten vberhaben sein/ sondern das wir daraus lernen vnsern Glauben stercken/vnd das wir in allem Creutze gedencken mügen/ das es vns mit willen vnd wolge

wolgefallen Gottes begegne / auch von jhm
vns wider werde entnommen werden. Pflegt
doch die heilige Schrifft nicht die Heiligen
zu rühmen / die gar one das Creutz gewesen
sind / sondern die jenigen so viel Creutz erfah=
ren/vnd darinnen bestendig blieben sind/vnd
die jenigen/so sich weder armut noch kranck=
heit/weder verfolgung/noch Tod von Gott
habt abwendē lassen. Das sey nu vom ersten
stücklein gesagt / wie Gott einem Christen
zusagt. Es wird dir kein vbels begeg=
nen. Vnd doch solchen glauben mit man=
cherley Creutz an seinen Christen probiret/ıc.

Das ander Stück dieser Predigt ist von
denen Worten:

Vnd keine Plage wird zu deiner
Hütten sich nahen. In welchen worten
vns der heilige Geist auch vorsichert des schu
tzes Gottes gegen vnserm Hause vnd narūg.
Dann in heiliger schrifft bedeutet das wört=
lein Tabernackel oder Hütten/vnsere woh=
nung/darinne wir vns mit Weib/Kindern
vnd Gesinde/vñ mit allem/was wir vermü=
gen / auffhalten. Wird daher genommen/
das die lieben Patriarchen in solchen Taber=
nackel oder Hütten gewohnet haben / wie

wie

wir im ersten Buch Mosi davon hören werden. Darumb das Gott vertröstung thut/
Es sol keine Plage zu deiner Hütten sich na-
hen/ da versichert er mit alle ding/ die in vnserm Hause sein/ es sey was es wolle.

Las dieses einen reichen mechtigen trost
sein/ das Gott nicht allein dir für deine Person schutz vnd schirm zusaget/ sondern auch
allem dem/ das du hast vnd vermagst/ Wer
Gott liebet/ der liebet auch alles was Gottes
ist/ Wen Gott wider liebet/ bey dem liebet
er auch alles was sein ist/ Wenn vns Gott
liebet/ so liebet er auch das vnsere/ es sey
Haus/ Acker/ Vieh/ Weib/ Kinder vnd
Gesinde/ vñ alles was vnser ist/ wie wir oben
fein gehöret haben/ das Gott nicht allein auff
Job ein Aug hatte/ Sondern auff alles
was er hatte/ vnd kundte jhm der Teuffel
daran nichts schaden/ bis jhm GOTT er-
leubte. Ist dieses nicht ein herrlich zeugnis
dieses Verses/ das auch keine Plage zu der
Gottfürchtigen Hütten sich kan nahen. Der
Teuffel kan nicht alleine vnsern Leib nicht be-
schedigen/ Sondern er kan auch nichts wider vnser Haus/ Nahrung vnd anders was

wir

wir haben / schedlichs vorbringen. Mus doch der Teuffel den HErrn Christum bitten/ Matth. 8. das er jhm erleube in die Sew der Gergesener zu faren/ vñ durffte die Vieh one erlebnüs nicht besitzen. Also mügen E. L. im andern Buch Mosi am 9. Capitel lesen/ da Moses vnd Aaron den rus ausstrewen/ vnd den Egyptern böse schwartze Blattern auff fahren / so trifft es doch die Israeliter nicht in jhren Hütten.

Item/ der Egyptier Vieh wird beschedigt/ der Israeliter wird behütet.

Manchem frommen Christen werden in Sterbensleufften behütet. Weib vnd Kinder/ in Fewers oder Wassers not wird manchem behütet sein Haus vnd nahrung/ Wem hat ers zu dencken? Gott dem Allmechtigen/ der weis dem Vbel zu wehren / das es nicht allein vnsers Leibes vnd Seel mus verschonen/ Sondern auch alles des / was wir haben vnd vermügen. Derhalben ist es auch fein in vnser Gebetlein/ welches wir den Morgen vnd Abendsegen nennen/ gefasset/ das wir Gott vns/ vnd alles was wir haben/ in seinen schutz befehlen / vnd bitten/ er wolle dem

dem bösen Geist nicht gestatten/ das er einige macht an vns müge haben. Vnd das sey nu dauon/ das eines Christen Haus vnd narung in Gottes Schutz so wol stehe/ als er selber mit seinem eigenem leib vnd leben.

Aus dem folget auch dieses/ das Gott vmb eines frommen Gottfürchtigen willen offt behütet/ ein gantzes Haus/ vnd das viel Leute eines frommen Menschen offt geniessen/ wie wir auch des Exempel lesen/ das Gott vmb frembdes Glaubens vnd vorbit willen/ francken Leuten geholffen habe/ als Math. 4. Do lest der Herr Jesus den Gichtbrüchtigen geniessen des Glaubens/ vnd der vorbit der Treger/ vnd machet jhn gesund.

Item/ am selben ort lest Gottes Son des Obersten Töchterlein jhres Vaters vorbit geniessen/ vnd machet sie wider lebendig. Item/ Marci 9. geneust der besessene Son seines Vaters fürbit. Da sehen wir/ wie Kinder jrer Eltern frömmigkeit vnd Gottseligkeit geniessen/ Aber Gottlose Eltern können auch wol allerley zeitliches fluches vber jhre Kinder ziehen. Ja das noch mehr ist/ vmb eines frommen ist offt vieler Leute verschonet worden/ wie Gott Sodom vnd
Gomorra

Gomorra vmb fünff frommer willen hette erschonen wollen/ da dieselben allda weren funden worden.

ES geneust die Stad Zegor des frommen Loths/ vnd erhelt vmb des einigen Gastes willen Gott die gantze Stad/ dann allda war dazumal die hütte des lieben Lots/ zu derselben durffte sich kein vbels nicht nahen. Hat doch Laban an seiner gantzen narung des frommen Gottfürchtigen Dieners Jacobs genossen/ Gen. 30. Vnd Gott hat den Potiphar lassen reich werden vmb Josephs willen / vmb welches willen er auch gantz Egypten segnet/ wie auch vmb Naamans willen Syrien von Gott behütet vnd gesegnet wird. Vnd noch ein fein exempel sollen E.L. dauon lesen 2. Paral. 12. Das der König vnd Fürsten in Israel wol gedemüget/ aber nicht gar vertilget werden/ durch den König aus Egypten/ dann in Juda wurden noch gute Werck erfunden.

Diese Exempel alle wolten E.L. ihnen hiebey fein einbilden/ vnd daraus mercken/ das eines frommen Menschen viel Leute bey Gott geniessen/ vnd das Gott eines gantzen Hauses/

Hauses/Stad vnd Landes verschonet/vmb eines Gottfürchtigen willen/vnd dagegen alles gutes erzeiget. Wenn wir solches mit ernst betrachteten/ wir würden sehen/das wir als fromme Hausuäter erfunden würden/damit vnser Weib/ Kinder vnd Gesinde/ vnd alles was wir haben/des bey Gott genössen/ Wir würden auch mehr achtung auff vnsere Kinder vnd Gesinde geben/das dieselben sich Gottfürchtig hielten/vnd wir auch derselben geniessen möchten/ da würde es alsdann fein zugehen/ vnd würde vns kein Vbels begegnen/ auch keine Plage sich zu vnserer Hütten sich nahen.

Wenn aber der Herr ist wie das Gesinde/ das Gesinde wie der Herr/ vnd eins des andern exempel in der bosheit folget/ so werden wir alles Vbel vnd Plagen vber vnsern Hals/ vnd gantzes Haus/ leiten vnd ziehen. Darumb hütet euch für denen schedlichen reden/ die man offte höret/ Man kan nicht mit eitel fromen Gesinde haushalten. Item/ Man mus auch in einem Regiment Schelcke haben. Wolan so erwarte man auch der belohnung die darauff folget.

Souiel

So viel sey gesaget/von diesem Zehen-
den Vers/ Gott verleihe vns seine Gnade/
das wir vnd die vnsern allem Vnglück vnd
Plage mügen entfliehen/vnd mügen
vnter Gottes schirm vnd schutz
sicher bleiben/Amen.

Der Ellffte
Vers.

Denn er hat seinen Engeln befohlen vber dir/ das sie dich behüten auff
allen deinen wegen.

Eliebten im HERRN/ In
nechster Predigt haben E. L. die
tröstliche Sprüchlein dieses Psalms
hören erkleren: Es wird dir kein vbels
begegnen/ vnd keine Plage wird zu
deiner

deiner Hüttten sich nahen. Welches schöne Sprüchlein wir in diese zwey stück gefasset haben/ Erstlich/ das wir vnserer Person vnd Leibes halben bey Gott Schutz haben/wie das wörtlein/ Dir/ anzeigt/ Es wird dir/kein vbels begegnen/ dabey gesagt ist worden/ Wie dann die Christen am meisten trübsal vnterworffen sind/ nemlich/das solches geschehe nicht zu jhrem verderben/ sondern zur probe jhres Glaubens/ ꝛc. Darnach das ander stück/das auch Gott auff die Hütten/das ist/auff Haus vnd nahrung der lieben Christen ein auge habe/ wie hie sihet: Es wird keine Plage zu deiner Hütten sich nahen. Das also Gottfürchtige Christen sich zu Gotte/ schutzes vnd hülffe zuuersehen haben jhres eigenen Leibes/vnd alles des/was sie haben/ wie wir vom lieben Job gehöret haben/ ꝛc.

Itzund kommen wir nu erst auff einen herrlichen trost/der da ist genommen *à custodia seu ministerio Angelorum*, vom schutz vnd ampt der lieben Engelein/derselbe lautet also: Das Er/der Allmechtige Gott/ hat vber dir/ der du vnter seinem

seinem schirm vnd schatten sitzest/ befehl geſ
than seinen Engeln/ das sie dich behüten
auff allen deinen Wegen. Da wollen wir
nicht die Lehre von den lieben Engeln volk
kömlich handeln/ dazu im Jar ein sonders
Fest geordnet ist/ Sondern wir wollen nur
die wort dieses Verses erkleren/ wie sie lauſ
ten/ die werden vns trostes vnd lehr gnug
weisen/die lauten also: *Mandauit de te, Anſ
gelus suis, vt custodiant te, in omnibus vijs tu-
u.* Da sehen vier vnterschiedlicher stücke/

   Das Erste/ Das Gott vber seine lieben
Christen befehl thut.

   Das Andere/ Weme er Befehl thue/
seinen Engeln.

   Das Dritte/ Was er für Befehl thue/
Das sie vns behüten.

   Das Vierdte/ Worinne sie vns behüſ
ten sollen/ Auff allen vnsern Wegen/ Darſ
auff gebet nu achtung.

Wiewol dis an sich selbs sehr tröstlich
ist/ das die lieben Engelein von GOtt
erschaffen sind zu seinem lobe/ vnd zu vnsern
dienste/ welches sie auch trewlich vnd fleißig
ausrichten/ vngeheissen/ Jedoch ist das viel

L iij   tröstlicher

tröstlicher/das GOtt noch vber vns einen
sondern Befehl thut/damit ja vnser recht
wargenommen werde/ Ist es doch einem
eine treffliche förderung vnd grosser trost/
wenn ein grosser Herr vber einen seinen
Amptleuten oder Dienern einen Befehl gi=
bet/ Wie solte es nicht viel tröstlicher sein/
da GOtt selbs vber vns befehl thut/in wel=
ches gewalt vnd Henden alles stehet.

Jhr müget daheim lesen im ersten Buch
Mosi am 26. Cap. wie es dem lieben Isaac
so eine treffliche förderung war/do der Kö=
nig Abimelech in seinem Königreich einen
solchen Befehl vber jm lies ausgehen: Wer
diesen Man oder sein Weib antastet/der sol
des todes sterben. Also/do der König Ahsue=
ros vber dem Mardocheo einen befehl lies
ausgehen/wie der solte geehret werden/der
vom Aman zuuor gar vntergedruckt war/
Ester am 8. Item/da Pharao vber Jacob
vnd seinen Sönen dem Joseph befiehlet/das
er jhnen sol wohnung geben am besten orte
des Landes/etc. Das sind alles nur Menschs=
liche befehl/ noch bringen sie grossen trost
vnd förderung mit sich/wider allerley gefahr
vnd anstös.

Nu hören wir aber/ das der König aller Könige/ der HErr Himels vnd der Erden/ der Allmechtige Gott/ vber vns befehle/ vnd für vns sorge/ wie ein Vater einem sein kind befiehlet/ das er lieb hat/ Wie ein Herr einem seinen Diener trewlich befiehlet/ dem er mit sondern gnaden geneiget ist. Also bringet dis wörtlein: Mandauit de te, Er hat vber die befehl gethan/ alleine einen grossen trost mit sich/ doraus wir seine liebe vnd Väterlichen schutz oder gnade können mercken. Dann was dörffte er viel vber vns befehlen/ wenn ers nicht trewlich vnd Väterlich mit vns meinete? Das sey vom Befehl gnug.

Weme thut er aber vber vns Befehl?

Seinen Engeln. Das machet den trost noch grösser/ sintemal er vns nicht befiehlet etwan den Menschen/ die der hülffe so wol bedürffen/ als wir selber/ Sondern den Engeln/ vnd nicht den bösen Engeln/ sondern seinen guten Engeln/ Wenn wir nur nu bedencken/ was die leiben Engelein für reine Himlische Creaturen sind/ vnd was die vor mache macht vnd gewalt haben/so werden wir diese vnsere Schutzherrn/vnd Gottes Befehlsleute/desto höher achten/vnd desto mehr lieben. Sind es nicht die himlischen Geister/ die alle tage das Angesicht Gottes/vnd den Spiegel der heiligen Göttlichen Dreyfaltigkeit sehen? Die in Gottes dienste stehen? sind es nicht solche mechtige gewaltige Geister/ derer einer in einer Nacht in der Assyrier Lager hundert tausent/ vnd fünff vnd achtzig tausent man erschlagen hat? Vnd ob schon des Teuffels macht vnd gewalt keiner gewalt auff Erden zuuorgleichen ist/ Er ist der aller sterckeste vnd mechtigste Feind auff Erden/ So sind doch diese Engel Gottes jhm mit sterck vnd macht vberlegen. Ein Engel ist so gut/als hundert tausent Man/vnd viel stercker/ Dann Gott hat dort viel andere Kriegsleute/ dann hie nieden auff Erden/ vnd das allerhöchste auff dieser Welt/ ist nicht zuuorgleichen dem allergeringsten in jener Welt. Solchen Mechtigen/ Heiligen/ Keuschen/ Himlischen Geistern/ hat vns Gott der Allmechtige befohlen.

Was

Was thut er jhnen aber für einen Befehl vber vns?

Nicht einen solchen Befehl / das sie mit vns sollen vmbgehen / wie jener Engel / der alle erste Geburt in Egypten würgete / Wie jener der in der Assyrier Lager also rumorte / oder wie der Engel / der ehe als in dreyen tagen mit Pestilentz siebentzigk tausent Man tödtete. Das sind schreckliche Befehl gewesen. Also befielet er nicht den Engeln vber vns / sondern das sie vns behüten sollen / solchen Befehl würde jhnen Gott nicht thun / wenn sie nicht auch die macht vnd gewalt hetten / vns zu behüten.

Darinne stehet nu erst der rechte trost / das die lieben Engel sollen vnsere Schutzherren sein wider den Teuffel vnd alle seinen anhang / Dann ob vns Gott schon für sich selbs one der Engelein hülffe vnd dienste beschützen köndte / wie er auch wol one Fürsten vnd Herren die Welt regieren köndte / So wil ers doch nicht thun / sondern hats also geordnet / das immer eine Creatur der andern dienen sol / vnd wie wir Gott für frome Obrigkeit

keit dancken sollen/ Also sollen wir jhm auch dancken für den schutz der lieben Engelein.

Solcher Schutz der erstrecket sich gar weit bey den lieben Christen/ Dann da sind sie trewe Wechter der lieben Kirchen/ die da sind die rechten vnsichtbarn Bischoffe/ wie sonst ein jede Gemeine ihre sichtbare Seelsorger hat/ die sorgen/ wie reine Lehre müge gepflantzt/ vnd falsche Lehr vertilget werden/ wie in der heimlichen Offenbarung dauon offt stehet/ Also sagt auch S. Paulus 1. Cor. 11. das die lieben Engelein gegenwertig sind/ wo Gottes Wort geprediget wird. Item/ Sie sind Schutzherrn vnserer Seelen/ die eine hertzliche frewde daran haben/ wenn wir von vnsern sünden abstehen/ vnd in ein Christlichs leben treten. Luc. 15. Sie warten auch auff vnsere Seelen/ wenn die von vnsern Leib abscheiden/ vnd tragen sie in die Schos vnsers lieben HERrn Christi/ Luc. 16.

Der Apostel Judas meldet auch wie Michael vnd der Teuffel vber Mosi Seele haben gestritten.

Das ist allein ein trefflicher trost/ das wir an den lieben Engelein trewe Wechter haben/

haben/ die sich vnserer Seelen wider den
Teuffel mit ernst annemen. Darnach sind
sie auch Schutzherrn vnsers Leibs vnd Na-
rung/ Dann da ist der Teuffel rings vmb
vns Menschen her/ er ist an Fürsten Höfen/
in Heusern/ auffm Felde/ in Wälden/ auff
allen Strassen/ in Wassern/ in der Lufft/
vnd an allen orten/ vnd thut nichts anders/
denn das er vns gerne alle in einem Augenblick wolte verderben/ da scheust er einen mit
einem Fieber/ den andern mit einer Pesti-
lentz/ den dritten wirfft er ins Wasser/ etc.
den vierdten wirfft er in sünde vnd schande/
dawider hat vns GOtt verordnet die lieben
Engelein/ das sie da sein/ vnd dem Teuffel
wehren/ die sich auch gerne dazu gebrauchen
lassen/ das des Teuffels vornemen verhindert werde. Wo die nicht an Keysers/ Könige vnd Fürsten Höfen weren/ da würde
sich der Teuffel nicht lange seumen/ er würde alles vnglück stifften/ vnd das vnterst zu
oberst keren.

Es verhenget jhm offt Gott/ das grosse
Herrn vneins werden/ Er lest jhn etwa ein
Fewer anzünden/ aber da sind die guten Engel wider da vnd leschen/ vnd machen friede/
wie

wie jr des ein schön zeugnus habe/Dan.10. Da stehet also/ das der Hofteuffel in Persien dem Engel Gottes widerstanden habe ein vndzwentzig tage. Aber im sey zu hülffe kommen Michael/ der fürnemesten Fürsten einer/ da habe der Engel Gottes den sieg behalten bey den Könige in Persien. Da hören wir auch wie mit grossem widerstande sich der Teuffel einlasse an grosser Herren Höfe/ das jhme ein Engel Gottes offt wol zuschwach sey.

Also legt sich der Teuffel auch mit gewalt zwischen Eheleute/Nachbarn/vnd andere Menschen/ da stifftet er vneinigkeit/ diebstal/vntrew/vnd wolte gerne mord vnd alles böses anrichten/Aber bey fromen Eheleuten/ Hausuätern vnd Nachbaren/ wird jhm offt durch die lieben Engelein gewehret/ das jhm seine anschlege nicht allzeit gelingen. Es mus dennoch mehr guts denn schaden geschehen/ Er mus vns dennoch an vnserm Leibe mehr gesunder glieder lassen/denn er vns verderbet oder beschediget. Er mus dennoch mehr Menschen leben lassen/dann er in Sterbensleufften würget/Wenn es an
jhm

jhm gelegen were/ er würde nicht aus einem
Hause drey oder vier Personen lassen ster=
ben/ Er würde lieber das Haus gar ausreu=
men/ Wie Jeremias fein saget: *Misericor-
diæ Domini multæ, quod non sumus consumpti.*
Es ist grosse Gottes gnade/ das wir nicht
gar auffgehen/ oder auffgefressen werden.

So laßt vns nu diesen trost heut fein ler=
nen / Ob wir wol in grosser gefahr tag vnd
nacht schweben/ vnd dem Teuffel gleich als
zum Ziel sitzen/ der stets ein gespannetes
Armbrust oder geladene Püchssen hat/ vnd
auff vns zielet/ das er vns schiesse mit Pesti=
lentz/ mit Fewer/ mit Wasser/ mit Krieg/
mit Vngewitter/ etc. So lest jm doch Gott
durch seine lieben Engelein solch sein Arm=
brust ausschlagen/ die Püchsse versagen/
vnd ob er jn bisweilen lest treffen/ so geschicht
es darumb/ das wir nicht sicher sein/ desto
fleißiger beten/ vnd dem Teuffel seinen wil=
len nicht lassen/ darumb es fein bedacht ist/
das wir in vnserm Morgen vnd Abendse=
gen/ nicht allein vns mit allem was wir ha=
ben Gott befehlen/ sondern jhn auch bitten/
das sein heiliger Engel wolle bey vns sein/
damit

darmit der böse Geist keine macht an vns finde.

Das sey nu vom Ampt der lieben Engelein/ das sie vns behüten sollen/ darunter alles das andere verstanden wird/ was vns die heilige Schrifft von jhrem Ampt vnd dienste saget.

Diesen Spruch weis auch der Teuffel selbs dem HERRN Christo fürzuhalten/ Matth. 4. Aber das aller nötigste lesset er aussen/ dann da setzet der Prophet nicht vorgeblich hinzu/ Sie sollen dich behüten/ auff allen deinen Wegen. Das wörtlein/ Auff allen deinen wegen/ lest er aussen/ da vns doch am allermeisten daran gelegen ist/ da wir des Schutzes der lieben Engelein wollen geniessen/ so sollen wir auff vnsern wegen bleiben/ Vnsere Wege heissen vnser Beruff/ vnser Befehl vnd Ampt/ Da wir nu das trewlich abwarten/ so sollen wir von den Engelein wol behütet werden.

Ein frommer trewer Prediger gehet auff seinen Wegen/ wenn er betet/ studiret/ prediget/ vnd mit trost vnd Sacrament seine Zuhörer versorget/ Ein solcher Prediger gehet auff seinen Wegen/ vnd mag sich zu
Gott

Gott auch in sterbensleufften gewisses schutzes versehen. Wie wir von solchen Predigern etlichen wissen/das sie mit diesem spruche in jhrem Ampt in geferlichen Sterbensleufften sich damit getröstet vnd Gott befohlen haben/ Es ist jhnen auch die hülffe widerfahren/ das sie sind behütet worden/ dann sie giengen auff jhren Wegen.

Also haben auch andere in jhrem beruffe sich des schutzes der lieben Engelein zutrösten. Damit wird verboten alle vermessenheit/freyheit oder thumkünheit/da sich einer derer ding wil vnterstehen/ die jhm nicht gebühren/ da sich einer in mutwillige gefahr wil begeben/ derer er wol köndte vberhaben sein/ oder verlesset alle ordentliche Mittel/ vnd braucht vnordentlicher Mittel/ Solche Leute haben sich nicht auff den Schutz der lieben Engelein zuberuffen/ Sondern Christus nennets Gott versuchen/ als wenn man sich wolte von einem Hause hinab stürtzen/ da man wol Treppen hette/daran man ohne gefahr hinab steigen köndte.

So lesen wir vom Könige Josia/ob er schon ein frommer König war/ jedoch weil er einen vnnötigen Krieg anfieng/ so ward er er darinne verwundet das er starb/ denn er gieng nicht auff seinen Wegen/ 2.Par.35.

ALso findet man in Sterbensleufften der frechen Leute viel/ die sich wol Gottes Schutzes rühmen/ vnd doch weder jhren beruff noch ordentliche Mittel bedencken/ Die verlassen sich auff den Spruch/ wie jhn der Teuffel citirt, da er das wörtlein: Auff allen deinen Wegen aussen lest.

Die andern aber/ die in Gottes furcht jhres beruffs warten/ frembder hendel vnd vngebürlicher Mittel sich entschlahen/ die sollen an Gottes vnd der lieben Engelein Schutz keinen zweiffel haben/ Sondern gewis gleuben/ ob der Teuffel jhnen nachschleicht/ vnd zu schaden gedencket/ das dennoch die lieben Engelein vmb vnd bey jhnen sind/ die mit jhnen wandeln auff allen jhren wegen/ die mit jhnen aus vnd ein gehen/ die jnen in jren beruff helffen/ die zum besten vermanen/ für dem bösen warnen/ etc. Dauon saget der heilige Bernhardus fein/ vber diesen Psalm:

Etsi tam paruuli sumus, & tam magna nobis, nec modo magna, sed & tam periculosa via restat, quid tamen sub tantis custodibus metuamus.

mus, *Nec superari, nec seduci, minus autem
seducere possunt, qui custodiunt nos in omnibus vijs nostris, fideles sunt, prudentes sunt,
potentes sunt, quid trepidamus?* Das ist /
Ob wir schon noch Kindisch sind / vnd nicht
allein einen weiten / sondern auch einen gefehrlichen Weg für vns haben / Was wollen
wir vns doch bey solchẽ Gleitsleuten fürchten / sie können nicht oberwunden noch verführet werden / viel weniger können sie verführen / die vns auff allen vnsern Wegen behüten / Sie sind getrew / klug vnd mechtig /
was wollen wir vns dann fürchten?

Darumb wer des heutigen herrlichen
Trostes wil teilhafftig werden / das jn
die lieben Engelein auff allen seinen Wegen
behüten sollen / der wandele auff Gottes wegen / Er lebe in Gottes furcht / Er bete fleissig / vnd warte des seinen trewlich.

An denen / so in Sünden leben / sehen sie
jhren jammer / vnd können bey solchen Leuten nicht bleiben / Ob sie schon gerne wolten /
wie wir aus Ezechiel 9. newlich gesaget haben / von den gezeichneten / wie die für der
M Pestilentz

Pestilentz behütet worden. Aber dauon wird in nechster Predigt mehr folgen.

Das sey heute gnug aus dem Vers/ Erstlich/ Wie Gott aus sonderlicher liebe befehl vber vns thut. Zum andern/ Wie er seinen Engelein befehl thut. Zum dritten/ Nicht vns zuuortilgen/ Sonden zubehüten. Zum vierdten/ So ferne als wir auff seinen wegen wandeln/ Gott erhalte vns auffrechtem Wege/ das wir der Engel schutz fruchtbarlich empfinden/
AMEN.

Von der Belagerung Dothan/ vnd Errettung des Propheten Elizei/
4. Reg. 6.

GEliebten im HERrn/ dieweil vns in allen Stenden vnd Regimenten/ sehr viel gelegen ist an der Lehr vom Schutze der lieben Engelein/ auff das wir

wir wissen mügen/was vns Gott an jhnen
für Wechter vnd Schutzherrn verordnet
hat/die auff vns warten/vnd vns wider die
bösen Geister beschützen sollen/ Vnd wir e-
ben in auslegung des 91. Psalms/auff den
Vers kommen sind/da stehet: Er hat seinen Engeln vber dir befehl gethan/etc. Welcher Wort meinung vnd auslegung E. L.
in nechster Predigt gehöret haben/ So wollen wir dismal aus vorlesener Histori/solche
Lehre von den lieben Engelein/ mit einem
deutlichen Exempel beweisen/wie fromme
Gottfürchtige Leute sich des schutzes der heiligen Engel haben zu trösten. Dann beides
stehet hierinnen/wie frome Leut vom Teuffel viel anfechtung haben/vnd darnach/wie
sie dawider von den guten Engeln geschützet werden. So wollen wir erst den Text
ein wenig widerholen/ vñ darnach aus dem-
selben/etliche feine Lehren kürtzlich verniel-
den/GOtt gebe darzu seine gnade.

Geliebten im HErrn/ihr habt offt ge-
höret/das sich Gott dem Volck Isra-
el/für allen andern Völckern auff Erden/
habe zu erkennen geben/vnd demselben seine
M ij   heimlig-

heimligkeiten offenbaret/wie David im 147. Psalm saget: *Non fecit taliter omni nationi, nec iudicia sua manifestauit eis.* Dann Gott hat jhm am Jüdischen Volck/ ein gewisses Volck erwehlet/ bey deme man die rechten Gottesdienste suchte/ vnd aus welchem man der zukunfft seines lieben Sons gewarten solte. Dieses war nu dem Jüdischem Volcke eine grosse ehre vnd herrligkeit/ wie S. Paulus solches von jhnen rühmet/ Rom.9. Welcher ist die herrligkeit/ der Bund/ die Verheissung/ etc.

Aber gleich wie sonst gros glück on neid vnd feindschafft selten abgehet/ also waren die vmbliegenden Könige vnd Völcker dem Jüdischem Volcke/ vmb dieser herrligkeit willen sehr gram/ vnd haben allerley Kriege vnd empörung/ one zweiffel aus anregung des Teuffels fürgenomen/ auff das sie diese heiligkeit dem Jüdischen Volcke entwenden oder vnterdrucken möchten. Aber der ewige Son GOttes/ welcher war der *Moschel,* oder Fürste dieses Volckes/ vnd der grosse Heerfürer Michael/ der leitete dieses Volck wunderbarlich/ vnd war vmb sie her/ wie eine fewrige Mawer/ straffte gar viel Könige
jhrent

jhrenthalben/ Dann weil das Volck an Gottes Wort hielte/ vnd hatte noch das Euangelium im Lande/ so musten grosse Monarchen vnd Eysenfresser/ für dem Lande absatteln.

Eben dieses wil vns die vorlesene Histori auch weisen. Der König aus Syrien stellet dem Könige von Israel mit listen nach/ vnd wolte jhn gerne heimlich vberraschen/ ehe dann ers gewar würde. Aber der Prophet Elizeus siehet solches durch GOttes Geist/ vnd warnet den König von Israel/ das er sich auch rüste/ vnd nicht plötzlich möge vberfallen werden. Das weis der König aus Syrien nicht/ vnd weil er die gegenwehr des Königes sihet/ dencket er/ es müssen etliche von jme sein abgefallen/ vnd es dem Könige von Israel vermeldet haben/ oder müssen vnter seinen Räthen sein/ die jhme dieses offenbaret hetten.

Da wird er berichtet/ das der Prophet Elizeus seinem Könige solche heimliche ding offenbare. Derhalben wendet er alle seine Kriegsrüstung dahin/ do der Prophet seine wohnung hatte/ nemlich/ an die Stad Dothan/ lest dieselbe bey der Nacht mit viel tau-

M iij   sent

sent Mann zu Roß vnd Fuß belagern/ der
hoffnung/ er wolle den Propheten darinne
fahen. Des Morgens frue wil des Propheten Diener/seinen geschefften nach hienauß
für die Stad gehen/ da sihet er wie sie an allen orten belagert sind/ das niemand weder
aus noch ein kan kommen/ Da keret er wider vmb/ mit grossem geschrey/ zeigt solches
seinem Herrn an/ es werde jhnen allen/das
leben kosten/ sie vermügen nicht daruon zu
kommen. Der Prophet tröstet seinen *famu-
lum*, heist jhn nur getrost sein/ setzt die vrsache hinzu: *Plures enim sunt nobiscum, quam
cum illis.* Es seind jhr mehr bey vns/dann
bey jhnen. Bittet derhalben/ GOtt wolle
seinem Diener die Augen öffnen/ das er die
Gezelt/ Wagen vnd fewrige Pferde sehen
müge/ das dann geschicht.

Als nu die Feinde wolten einen angriff
thun/vnd die Stad vnuorsehens einnemen/
Do bittet der Prophet/das sie Gott wolle mit
blindheit schlagen/ das geschicht auch/ das
sie der Prophet füret mitten in Samariam
zu seinem Könige/ Vnd do sie wider zu sich
selbs

selbs komen/vnd sehen wo sie sein/So bit=
bittet der Prophet den König/ er wolle jhr
verschonen/ vnd dagegen alles gutes erzei=
gen/ vnd lest sie also von sich.

Also ward die Stad Dothan/ die dem
Propheten vnd Gottes Worte Herbrige
vergünet/von aller fehrligkeit errettet/durch
den schutz der lieben Engelein/ vnd durch
das Gebet des Propheten/ Das ist nu die
Histori an jhr selbs.

Aus dieser Histori sol dieses vnsere erste
Lehr sein/ Das nicht allein die heilige schrifft/
sondern auch die tegliche erfahrung bezeu=
ge/ das die rechte Kirche Gottes/ vnd die
trewen Prediger/ dem Creutz vnd der Ver=
folgung vnterworffen sind/ vnd das die
Gliedmas Christi/ von den Gliedern des
Teuffels müssen verfolget werden/dann der
streit weret noch für vnd für/welcher im Pa=
radeis sich angefangē hat/ das die Schlang
des Weibes Samen in die Versen sticht/
vnd wird wol bleiben bis an Jüngsten tag/
da alle Feinde Christi jhm zum Fusschemel
sollen gelegt werden.

M iiij   Das

Das sollen wir offt bedencken/ vnd ob wol die Christliche Kirche bisweilen ein wenig ruhe vnd friede hat/ so feyret der Teuffel nicht/ vnd schüret zu/ wo er kan vnd mag/ das die kinder Gottes bedrenget werden/ wie jhr in der Histori Jobs leset/ das sich der Teuffel vnter die Kinder Gottes menget/ vnd suchet wie er jhnen müge schaden.

Darumb wer dem Teuffel in der Tauffe abgesaget/ vnd zum Fehnlein vnd Creutz Christi geschworen hat/ vnd sonderlich wer ein Prediger Göttlichs Worts ist/ der kne heut erstlich/ mit dem Propheten Eliseo sich des erwegen/ das er wenig dancks vom Teuffel vnd der argen Welt für seine trewe dienste werde haben/ das ist eins.

Darnach sehen wir aus dieser Historien/ das fromme Gottfürchtige Obrigkeiten/ vnd die Stedter vnd Lender/ so Gottes wort herbrige vergünnen/ müssen des Teuffels vnd der Gottlosen hass vnd neid auff sich laden/ vnd des lieben Euangelij/ auch trewe Prediger desselben offtmals entgelten/ wie hie der König von Israel/ vnd die Stad Dothan

Dothan des entgelten müssen / das sie dem
frommen Propheten Eliseo / herbrige vnd
vnd vnterschleiff vorgönnen.

Also hetzete der Teuffel den Cambisen/ vñ
andere Fürsten wider das Jüdische Volck/
die rechte Religion daselbs vollend zuuortil-
gen. Vnd reden also hetzet er heutiges tages
den Türcken vnd Bapst wider Christliche
Könige/ Chur vnd Fürsten / weil sie dem
Euangelio in jhren Königreichen vnd Landen herbrige vergönnen/ vnd den Abgötti-
schen greweln abgesaget haben/ des müssen
sie beim Teuffel vnd allen Gottlosen entgelten. Was hat der Bapst vnd sein anhang sonst für vrsache solche Kriege vnd tu-
mult zuerwecken/ dann eben vmb der waren
Religion willen/ vmb des heiligen Euangelij willen/ das wil er nicht haben/ vnd wil es
doch andern auch nicht günnen. Darüber
richtet er solche Kriege an/ vnd ob man jhm
schon gelt vnd geldes werd geben wil / das
er nur dem Euangelio seine Herbrige ver-
gönne/ so kan mans doch nicht erhalten/ vnd
ist wol zubesorgen/ ehe dann er dem lieben

M v   Euangelio

Euangelio im gantzen Römischen Reich seinen lauff vergönnete/ er würde ehe den Türcken zuhülffe nemen/ das er dem möchte wehren. Das ist des Teuffels rechter griff/ das er Christlichen Potentaten vnd jhren Landen gerne zuwolte/ vmb des willen/ das sie das Euangelium vnd trewe Predigern hausen vnd herbergen/ das suchet er auff allerley weise/ wie ers mit list vnd gewalt müge verhindern. Vnd sind vnsere zeiten warlich den zeiten der Machabeer sehr ehnlich/ da man jhnen auch mit list vnd gewalt zusetzte. Darumb mag sich ein jeder verstendiger aus derselben Histori allerley erinnern. Es möchte das liebe Euangelium vnd desselben trewe Leerer in Kirchen vnd Schulen dieser Lande/ so bösen wind haben/ es were dem Teuffel vnd Babste ein grosser wolgefallen. Aber das reine Lehre vnd derselben Diener geschützet vnd gefördert/ geehret vnd gemehret werden/ das ist jhnen allen leidt/ vnd haben vmb des willen fürwar nichts guts im sinne/ Des müssen sich nu Christliche Potentaten vnd Euangelische Stedte erwegen/ das sie vmbs Euangelij willen

willen den Teuffel vnd den Babst zu Feinden haben/ Das ist die ander Lehre.

Zum dritten/ sehe wir aber auch den trost/ welchen trewe Prediger/ sampt derselben Herbrigen vnd vnterhaltern haben zugewarten. Dann was der liebe Dauid im 91. Psalm sagt/ Er hat seinen Engeln vber dir befehl gethan/ das sie dich behüten auff allen deinen wegen. Item/ was er im 34. Psalm sagt: Der Engel des HErrn lagert sich vmb die her/ so ihn fürchten/ vnd hilfft ihnen aus/ etc.

Dis wird in dieser Histori augenscheinlich beweiset/ dann der rechte Ertzengel Michael/ welcher ist der ewige Son Gottes/ ein Herr der Engel vnd Menschen/ der seinem Vater an *substantz* vnd Wesen gleich ist/ der da ist der Herre Zebaoth/ der himlischen Heerscharen/ der wachet vnd streitet für sein Volck/ vnd für alle Christliche Gemeinen vnd Lehrer. Er ist die fewrige mawer vmb seine Christen her/ vnd hat seine himlische Wechter vnd fewrigen Waffen/ damit er die seinigen schützet vnd errettet.

Denckt

Dencket der Historien fein nach/ diese Stad Dothan ist allenthalben belagert von jhren Feinden/ ist aller menschlichen hülffe beraubet/ ligt den Feinden an der Grentze/ noch dennoch hat sie Gott zu einem beschützer/ sie hat vmb sich einen Wahl vnd Wagenburgk von Fewrigen Wagen/ vnd wie sie des frommen Propheten bey Gottlosen menschen mus entgelten/ also geneust sie seiner wider bey Gott dem allmechtigen mit seinem Gebete.

Das gehet nu alles dahin/ das vns Gott mit dieser Histori wil des schutzes der lieben Engelein versichern/ vnd wil vns allen damit trösten in vnsern nöten vnd verfolgungen. Dann Gott hat diese himlische Wagenburgk vñ kriegsrüstung nicht allein dem diener Elizei wollen offenbaren/ Sondern auch vns allen/ damit der Glaube auff Gottes gnedigen schutz in vns möchte wachsen vnd zunemen. Vnd was hie geschicht der Stad Dothan/ vnd dem fromen Lerer Eliseo/ das sagt Daniel am 8. das es dem Königlichen Hofe in Persia auch widerfahren sey/ dann da an diesem Hofe auch noch etliche

liche frommen sind/als Daniel vnd andere/
so wendet der Teuffel allen fleis für/ wie er
sie möge hinweg bringen.

Aber der Son Gottes/ der rechte Mi-
chael/beschützet diesen Hoff/durch seine En-
gelein/das der Teuffel nichts kan schaffen/
Das sol ein grosser trost sein Christlichen
Potentaten/denen der Teuffel wol so feind
ist/ als er hie dem Könige in Israel/vnd seiner Stad Dothan gewesen. Aber Gott beschützet sie auch durch seine Engelein so wol
als er den König/die Stad vnd den Propheten geschützt hat / Das ein Euangelischer
Fürst billich den Spruch stets führen vnd
brauchen sol: *Plures sunt nobiscum, quam
cum illis.* Vnd wie wir sonst singen: Wenn
die Welt vol Teuffel wer/ vnd wolten vns
gar verschlingen/So fürchten wir vns nicht
so sehr/etc. Also können sich des auch frew-
en andere fromme Christen / wie dann die
lieben Engelein auch denselben verordnet
sind von Gott. Der liebe Patriarch Jacob
war ein frommer Gottfürchtiger Hausua-
ter/dem kommen die lieben Engelein entge-
gen/sie entpfahen/beleiten vnd bewaren jhn
auff

auff allen seinen wegen/da er fürwarts hatt seinen grimmigen Bruder den Esau/zu rück muste er sich besorgen für seinem zornigen Schweher dem Laban/ Gen. 31.

Also bewarete der Engel Gottes den Ismael mit seiner betrübten Mutter im wilden Walde/ Gen. 21. Die Engel Gottes helffen des Isaacs vnnd Tobie Freyhet glücklich stifften/ Gen. 24. Tobie. 7. Den Loth führen sie aus Sodom/ Gen. 19. Den Daniel behüten sie in der Löwengruben. In summa/ die lieben Engel sind nicht allein bestellet vnd verordnet auff Königreich/ Stedte/ Lande vnd jhre Regenten/ sondern auch auff einzelige Gottfürchtige Personen/ das sie denen dienen/ vnd sie auff allen jren wegen behüten sollen/ Ja sie sollen sich vmb die her lagern/ vnd jhnen aushelffen.

Derhalben do nu einem der Teuffel zusetzt/ durch böse Menschen oder andere creaturen vnd mittel/ vnd lest sich ansehen/ als weren wir von jederman verlassen/ So last vns trösten des Schutzes der lieben Engelein/ vnd last vns auch brauchen dis sprüchlein

lein: *Plures sunt nobiscum, quam cum illis*. Gott hat mehr Engelein verordnet/die mich behüten/ denn er den Teuffeln erleubet hat/ mich zuschrecken vnd zu plagen. Von dem troste ist in nechster Predigt mehr gesaget worden/ drumb lassen wir diese dritte Lehre auch hiebey wenden.

Zum vierdten/ Haben wir noch eine tröstliche Lehre/ das die/ so Gott erretten wil/die errettet er: *videntibus hostibus*, vnd lest jhre Feinde zusehen/ vnd müssens dennoch die Feinde nicht gewar werden/ Wie hie der Prophet vnd die Stad Dothan/ so wunderbarlich errettet werden von jhren Feinden. So lesen wir eine Histori/ Do der König Attalus die Stad Leucam belagerte/ vnd den Bischoff des ortes fahen wolt/ da nimbt der Bischoff des Königs Pferd beim Zügel/ vnd führet jn mit seinem Heer mitten durch die Stad/ das er meinete/ er wer in einer Wüsten.

Also kompt Athanasius wünderlich auff einem Kähnlein daruon/ da man jhn fahen solte/ vnd ob er schon seinen Feinden in die hende kompt/ so kennen sie jhn doch nicht

nicht. Vnd des köndten wir zu vnserer zeit viel exempel erzelen/ wie Gott frome Gottfürchtige Leute offt so wunderlich errettet hat aus grossem vnglück/. Dauon sagt man alsdann fein/ Der hat einen guten Engel gehabt. Solcher Exempel sollen wir vns auch trösten/ vnd derselben erinnern/ wenn wir in so grossen nöten stecken/das kein mittel scheinet/wie wir möchten errettet werden. Gottes häd zu helffen hat kein ziel/wie gros auch sey der schade.

Zum fünffte/ stehet auch da von schrecklicher straffe der Gottlosen/ die sich wider Dothan vnd den Propheten lassen gebrauchen/ das sie mit sehenden augen blind sein/ vnd müssen jhren Feinden in die hende komen/Das ist die eigentliche straffe der Gottlosen/das sie mit sehenden augen blind werden/ vnd jhr eigen vnglück nicht sehen können/ wie Christus denen zu Jerusalem vorwirfft/ Luc. 19. Nun aber ists für deinen augen verborgen. Wo solche blindheit einreist/ da folget eine solche sicherheit/das mā sich vor keinem vnglück fürchtet/vnd aus einer

ner Sünden jmmer in die andere felt/ wie
Saul.

In solcher blindheit stecken jtzund die
Feinde des Euangelij/ bis vber die ohren/
das sie vor grossem wütten vnd toben/ ihrer
eignen Kinder nicht verschonen. Vnd bey
vns Euangelischen reist diese blindheit mit
gewalt ein/ das wir auch dafür nicht sehen
können die straffen/ die Gott vmb verachtung willen seines wortes/vber vns schicken
werde. Die Leute geraten so tieff in sünden/
das sie jren eigenen schaden nicht künnen er-
kennen/ wie man von geitzigen vnzüchtigen/
vnd andern offt erferet. Wo einer in solche
blindheit geret/ do ist sein endlich verderben
gewis nicht weit/ Wie der Poet saget:
*Iratus ad pœnam si quos trahit. Auferre men-
tem talibus prius solet.* Für solcher blindheit
wolle Gott einen jeden gnediglich behütten.

Zum beschlus sollen wir auch betrachten/
was Gottfürchtiger Leut Gebete für eine
krafft habe/ das das Gebet des Elie/ den Himel auff vnd zuschliessen kan/ wie Jacobus
sagt/ Vnd das Gebet Elizei/ kan hie seines
Dieners augen eröffnen/ der Feinde augen
N   zuschliessen

zuschliessen/ die Stadt Dothan von belage=
rung erledigen/ vnd die Feind in gefahr füh=
ren. Ein schön Exempel/ was das liebe Ge=
bet vermag / das wir in allen noten ja dessel=
ben brauchen sollen/ der gewissen hoffnung/
das wir dardurch hülffe erlangen/ vnd vnse=
rer Feinde vntergang mit lust sehen mügen/
Das helffe vns Gott/ vmb seines lie=
ben Sones willen / Amen.

Der Zwölffte Vers.

Das sie dich auff den Henden
tragen/ Vnd du deinen Fus nicht an
einen stein stössest.

GEliebten im HErren/ Wir ha=
ben in den nechsten zweyen Predig=
ten / vom Schutz der lieben Enge=
lein gehandelt/ Erstlich/ Wie Gott denselt=
ben

ben vber allen fromen Gottfürchtigen Christen befehl gethan hat/ das sie die behüten sollen auff allen jhren wegen. Zum andern/ Wie sie solchẽ befel so gehorsamlich ausrichten/ die Gottfürchtigen zu beschützen vnd zu behüten. Darzu haben wir genommen die schöne Histori/ von Belagerung der Stadt Dothan/ vnd errettung des Propheten Elizei/ Aus welcher Histori jhr sonderlich habe sollen behalten/ das schöne Sprüchlein/ damit der Prophet seinen Diener tröstet: *Plures sunt nobiscum, quam cum illis*. Das sollen wir auch allzumal festiglich gleuben/ das mehr Engelein vmb vns her sind/ die vns behütẽ/ daũ Teuffel vmb vns sind/ die vns wollẽ erschrecken vnd plagen.

Nu wollen wir wider in vnserm Psalm fortfaren/ vnd von den lieben Engelein diese Wort erklerẽ:

Sie werden dich auff den henden tragen/ das du deinen Fus nicht an einen Stein stössest.

Darinne werden abermal zwey feiner stücklein von der lieben Engelein dienst vnd ampte gemeldet/ nemlich/ Zum ersten/ ihre grosse

grosse sorg vnd fleis/ welche sie auff die Christen wenden/ Das nennet der heilige Dauid auff den henden tragen.

Das andere ist vom nutze vnd effect solches Engelischen fleisses/ worzu vns der sol gereichen/ nemlich/ das wir vnsern Fus nicht irgent an einen stein stossen. Dis wöllen wir ein wenig weiter erkleren.

Vnd das erstlich hie stehet: Die Engel werden dich auff den henden tragen. Das bedeutet die grosse sorge/ vnd den vngesparten fleis/ so sie in jhrem ampte den Christen zum besten brauchen/ wie es auch in vnserm deutschen solche bedeutung hat/ Das wenn man von grosser ehrerbitung vnd fleis sagen wil/ die man einem erzeigt/ do pflegen wir dieser weise zugebrauchen vnd zusagen/ Er hielt jn so hoch/ wenn er jhm hette künnen die hende vnterlegen/ oder auff den henden tragen/ er hette es gethan. Das ist nu kein wunder/ weil solches ein Mensch dem andern schon erzeiget/ vnd eins das ander mit solcher trew vnd liebe meinet/ oder wie hie stehet/ Wenn eins das ander auff den henden trüge/ Dann ein Mensch ist solchs dem andern schuldig/ wiewol es leider gar selten geschicht. Das aber
die

die lieben Engelein die Himlischen reinen Geister/ solche sorge auff vns Menschen haben/ vnd vns solche ehre erzeigen sollen/ das ist traun etwas hohes vnd sonderliches. Ist dieses nicht eine grosse demut der trefflichen gewaltigen Himels Fürsten den Engel/ das sie vns sollen gleich als auff den henden tragen/ etc? Wer es nicht doran gnug/ wenn sie für vns nur her giengen/ oder vns nur folgeten/ oder auff vns sehen/ vnd vns beleiteten/ oder füreten/ wo sie vns nicht auch auff den henden trügen/ Wer wolte nicht daraus versehen vnd abnemen/ die grosse sorg der lieben Engel für vns Menschen?

Darumb ist es ein schön lieblich gemelde/ das die heiligen/ reinen/ vnstreflichen/ Himlischen Geister/ vns armen sündlichen Menschen/ so grosse ehre erzeigen sollen. Vom lieben Lazaro stehets auch also/ Luc. 16. Das die Engel nach seinem absterben/ seine Seele in Abrahams schos getragen haben/ aber da stehets von vns/ weil wir noch lebendig sind/ das sie vns tragen sollen. Es scheinet/ als sey diese weise zu reden genomen

N iij

genomen von den Hebaimmen vnd Weemüttern/ die die Kinderlein heben/vnd auff den henden tragen/also sollen die lieben Engelein vns heben vnnd tragen/ als vnsere rechte Hebammen/ das wir keinen schaden nemen.

Der Babst treibt damit eine grosse pracht/ das jhn seine Cardinel do müssen tragen/ als einen jrdischen Gott. Aber frommen Gottfürchtigen Christen/ist es viel eine grössere ehre/ das die Engel jhre Cardinel sind/vnd sie tragē. Dann sie sind das rechte Königliche Priesterthumb/ das heilige Volck/ deme Gott durch die lieben Engelein im leben vnd im sterben/ diese ehre erzeiget/ Dagegen der Babst ist der verfluchte Antichrist/ welchen hie am leben Menschen mügen tragen/ aber im sterben werden jhn die Engel tragen/ die des reichen mannes Seele Luce.12.vnd 16. getragen haben in abgrund der Hellen.

Derhalben so last vns heute aus dem Fleis vnd Ampte der lieben Engelein mit grossem ernst bedencken/ die grosse ehr vnd wirdigkeit der lieben Christen/ die sie bey
Gott

Gott dem allmechtigen haben/ das nicht allein der HErr aller Engel vnnd Menschen/der ewige Son Gottes jhre Menschliche natur an sich genomen/ darüber sich alle Engel vnd Menschen in ewigkeit verwundern müssen/ Sondern das auch die Himlischen Creaturen/ die lieben Engel jhnen auff den dienst warten/ vnd gleich als die hende vnterbreiten müssen/ vnd das solches fort vnd fort am leben vnd im sterben den lieben Christen erzeigt mus werden/ Des verwundert sich auch der liebe Dauid Psalm. 8. Was ist doch der Mensch/ das du seiner gedenckest/ etc. Du hast jhn eine kleine zeit von Gott lassen verlassen sein/ aber mit ehren vnd schmuck wirstu jhn krönen/etc. Vnd der heilige Bernhardus sagt fein: *Parum est, quod Angelos suos facit Spiritus, facit eos & Pædagogos ac baiulos nostros.*

Also hat der Teuffel vnsere Menschliche natur nicht so hoch können schendē vnd lestern/Gott hat sie wieder viel höher verehret/in dem er nicht allein seinen lieben Son hat lassen dieselbe an sich nemen/vnd waren Menschen

Mensche werden/ sondern hat auch die Engel selbs dorauff bestellet/ das sie vnser pflegen vnd warten sollen. Das gibt vns einen mechtigen trost/ wenn wir das manchfeltige grosse elend vnserer menschlichen natur bedencken/ das wir auch dagegen halten sollen/ wider die ehre vnd wirdigkeit/ so Gott durch seinen Son/ vnd durch die lieben Engel/ vns lest widerfaren. Das sey von einem nutz dieses Engelischen fleisses.

Darnach sollen wir auch ein Exempel daraus nemen/ weil die hohen Himlischen Geister die lieben Engel/ so gar wilferig vnd behende sind/ Gottes befehl auszurichten/ vnd sich nicht schewen/ auch die aller geringsten wercke zuuorbringen/ die jhnen Gott befiehlet. Vnd wir aber in vnserm Vater vnser sagen: Gottes Wille sol auff Erden von vns geschehen/ wie er geschicht im Himel/ so haben wir eine stadliche erinnerung daran/ mit was ernst/ fleis vnd sorge/ wir sollen gefasset sein/ Gottes Willen zuuorbringen/ dann sind die lieben Engelein im Himel Gott so gehorsam vnd so fleissig in jhrem thun/ was wolten wir armen Menschen

schen vns dañ zeihen? Was aber vns Gott
für befehl thut seinen Willen zuuorrichten/
das weiset vns sein heiliges Wort/ sonder
lich aber sein heiliges Euangelium / das sa
get vns/das dieses Gottes wille sey/das wer
den Son sihet vnd gleubet an ihn/habe das
ewige leben.

   Darnach wil auch Gott haben / da wir
durch den Glauben von newem geboren
sind/das wir nicht mehr den fleischlichen lü
sten vnd begierden sollen nachhengen/son
dern den Sünden absterben / vnd der Ge
rechtigkeit leben/ Röm. 6. Item 1. Thess. 4.
Das ist Gottes Wille/ewer Heiligung/das
ihr euch enthaltet von Hurerey/ etc. Item/
das ist Gottes Wille/das wir im Creutz sol
len gedültig sein/ vnd vnser Creutz dem
H. Errn Christo mit gedult nach tragen/
Matth. 16.

   Is vñ anders mehr was Gott wil von
vns haben/das sollen wir mit solchem
gehorsam vñ solcher freidigkeit ausrichten/
wie wir sehen/ die lieben Engel darzu lustig
vnd freidig sein/was ihnen Gott befiehlet.
Aber darzu bedürffen wir des heiligen Gei
ses

stes/one welchen wir sonst viel zu schwach
sind/vnd ob auch schon allerley schwacheit
noch bey vns ist/so wil sie doch Gott vns zu
gut halten/ vmb seines lieben Sones Jhesu
Christi willen/an den wir gleuben/ⁿ. Vnd
das sey vom ersten teil dieses Vers gnug/
Die Engel sollen vns auff den henden tragen.

 Nu wollen wir auch hören / wozu vns
dann solcher schutz vnd dienst der Engelein
sol gereichen/ Das sagt Dauid mit diesen
Worten.

Das du deinen Fus nicht an ei-
nen stein stössest.

Die heilige Göttliche Schrifft malet vns allenthalben die Welt also
abe/als einen solchen vngebaneten
weg zum Himel/auff welchem wege viel steine vnd wacken liegen/die vns daran können
vorhindern/ Dann do der Prophet Esaias
am 40. die rechte Busse vnd bekerung zu
Gott lehret/wie sie der heilige Johannes der
Teuffer treiben wird mit seiner Predigt/so
beschreibet er vnser sündliches leben/als einen

nen holprichten / steinigen vnd vnebenen
weg. Die Busse aber / beschreibet er als eine
reumung oder reinigung solches Weges /
Bereitet dem HErrn den Weg / etc.
Was vngleich ist sol eben / vnd was höckricht
ist / sol schlecht werden / Do werden vnsere
sünden vorgleichet den steinen / die vns am
Wege zum Himel verhindern wollen. Also wird vnser lieber HErr Christus genennet / *Lapis offenßionis, & Petra scandali, &c.*
Ein Stein vnd Fels der ergernis / an welchem Stein sich viel Jüden stiessen / das sie
darüber fielen / vnd des ewigen Lebens fele-
ten / Darumb das sie an seiner Person vnd
geringem wandel sich ergerten / Do er doch
von seinem Vater gesand ist / das er allen
Gleubigen sein solle / der Weg zum ewigen
Leben.

So heisset nu / Seinen Fus an einem
Stein stossen / in Sünden geraten / in eine
vorhinderung des ewigen Lebens fallen /
Solcher Stein vnd verhinderung des ewigen lebens / ist die Welt gar voll / vnd weltzet
vnd schühret der Teuffel derselben jmmermehr

mehr vnd mehr zu / wie wir sehen/das einer da/ der ander dort so anstöst/ vnd einen solchen fall thut/ das er wol den hals stürtzen/ vnd des ewigen todes sein möchte. Dazu hat vns nu Gott seinen heiligen Engelein befohlen/ das sie vnser warnemen/ auff den henden tragen/ vnd in guter acht haben sollen/ auff das wir ja nicht jrgend einen anstos oder fall thun/der vns am ewigen leben möchte schedlich sein.

Der Teuffel wirfft vns allerley Steine in Weg / als do sind die mancherley grewlichen vnd groben sünden/ wider Gottes Gebot/wider die erste Tafel/ als Abgötterey / Gotteslesterung / Liegen/ Triegen/ Verachtung Gottes Worts vnd der hochwirdigen Sacrament / Wider die ander Taffel/ allerley mutwillen vnd vngehorsam/ Mord vnd Zorn/ Ehebruch vnd Vnzucht/ Diebstal vnd Geitz/ Nachrede / etc. Diese grossen Steine kan er vns fein verdecken/das wir sie nicht sehen sollen/wie dan kein Sünde so gros ist / die nicht allerley beschönüng oder bementelung finde. Vnd also hat

hat er auch manchen grossen Heiligen betrogen vnd schendlich gefellet.

Darzu seind vns nu die lieben Engelein gegeben/ die vns für sünden/ schanden vnd laster sollen bewaren/wie sie auch trewlich thun/ wenn wir jhnen nur wolten folgen. Aber do sind wir wol also gesinnet/ das wir thun wie die vollen zappen/die daher gehen durch dünne vnd durch dicke/ sehen weder Kot noch Steine im wege liegen/ Die müssen auch für willen nemen/wenn sie fallen/ etwa ein Bein brechen/ oder den Hals gar abstürtzen. Also sind vnser viel/ die in sünden gar tol vnd vol sind/ schewen weder Gott noch die lieben Engelein/ Vnd do sie die guten Engelein für Sünden warnen/ wollen sie sich daran nichts keren/ faren in Sünden fort/bis sie die lieben Engelein damit verjagen/vñ dem Teuffel gar zu teil werden.Gleich wie die lieben Engelein sind des Gottfürchtigen leibliche Geleitsleute/ die sie auff eusserlichen wegen behüten/also sind sie auch ihre geistliche Geleitsleute/ die sie auff der himelstrassen behüten/für aller sünde vnd schande/ vnd wie man sie mit rechter Busse

Busse vnd bekerung zu GOtt/ erfrewet/ Luce 15: Also werden sie durch sünden vnd laster widerumb betrübet.

VNd daher gehören nu die ernsten Vermanungen in der heiligen Schrifft/ das wir dem Teuffel wol sollen auff die schantze sehen/ Ephes. 4. Gebet nicht raum dem Teuffel. 1. Pet. 5. Seid nüchtern vnd wachet/ dann ewer widersacher der Teuffel gehet vmbher/ etc. Lasset vns trösten das wir nicht alleine sind wider den Teuffel/ Gott hat vns seinen Engeln in jhre hende befohlen/ die werden vns schützen vnd behüten für allem vbel an Leib vnd Seele/ wenn wir jnen nur folgen werden.

Also werden E. L. verstehen den nutz/ der vns doraus folget/ wenn vns die lieben Engel auff den henden tragen/ nemlich/ das wir vnsere Füsse nicht an einen Stein stossen sollen.

Vber dis / das wir alhie abermal des trewen dienstes der lieben Engelein erinnert werden/ So haben wir in den letzten Worten dieses Verses abermal ein herrliches Zeugnüs

Zeugnüs der Göttlichen liebe gegen vns/ der so genaw vns in seinen schutz nimbt/ das auch vnsere Füsse keinen schaden nemen sollen/ sol vns an dem geringsten teil vnsers Leibes kein schaden widerfaren/ one Gottes vorhencknüs/ wie solt vns dann an andern bessern Gliedmassen/ als am Heupte/ oder am gantzen Leibe etwas böses begegnen können? Der das geringste bewaret/der bewaret auch das beste/ Der für geringem vbel behütet/das wir vns auch nicht an einen stein stossen sollen/ der behütet auch für dem grössten vbel/ das wir weder durch Fewer noch Wasser/weder durch Krieg noch Pestilentz vmbkommen vnd verderben sollen. Das wil vns der HERR Christus auch einbilden/ do er sagt: Math. 10. Alle ewre haar auff ewren Heuptern sind gezelet/ vnd kan derer keins herab fallen ohne den willen GOttes. Als wolt er sagen/ Gott sihet so genaw auff euch/ das euch nicht das geringste an ewrem Leibe/ auch nicht durch das kleineste Vnglück/ köndte verseret werden/ Wieuiel mehr sollet jr euch in grösten nöten/ hülffe zu jhm vorsehen.

D.iij

Das solte vnsern Glauben auch herrlich stercken/das wir vns für vnglück vnd widerwertigkeit desto weniger fürchteten/ vnd zu Gott desto reicherer hülffe vortrösteten.

Vnd so viel sey nu auch von diesem zwelfften Vers gesaget/ Gott verleihe vns seine Gnade/ das wirs behalten/ vnd der lieben Engelein schutz fruchtbarlich an vns befinden/ Amen.

Der Dreytzehende Vers.

Auff den Lewen vnd Ottern wirst du gehen/ Vnd tretten auff den jungen Lewen vnd Drachen.

Geliebten im HErrn/ zweyerley Wolthat beschreibet der heilige Dauid/ welche wir von den lieben Engelein haben zugewarten/Eine/das wir von
jhnen

jhnen sollen beschützet werden/ das vns gar
nichts könne schaden/ Wie wir dann von
dieser wolthat in den dreyen Predigten nach
einander gehöret haben/ das Gott seinen Engeln vber vns befehl gethan/ das sie vns behüten sollen/ wie sie den Propheten Elize-
um zu Dothan/ Daniel in der Löwen gru-
ben/ Loth zu Sodom/ Petrum im Gefengk-
nis/ etc. behütet vnd errettet haben/ Vnd
das sie vns auch auff den henden tragen/ damit wir jo vnsern Fus nicht an einen Stein
stossen/ das ist/ das sie vns bewaren/ das wir
weder in sünde/ schande noch laster fallen/
wann wir jhnen nur folgen/ Vnd dauon ist
bisher gnug gehandelt worden.

 Die andere Wolthat/ die wir von den
Engeln haben zuerwarten/ ist diese/ das vns
nicht allein nichts böses solle schaden/ sondern das wir auch sollen künen widerstehen/
aller macht vnd gewalt die wider vns ist/ sie
kome gleich vom Teuffel/ von bösen Menschen oder andern Creaturen/ Vnd solche
Wolthat der lieben Engelein/ wird vns beschrieben in diesem Vers: Auff den Löwen vnd Ottern wirstu gehen/ vnd
          tretten

tretten auff die jungen Löwen vnd
vnd Drachen. Damit der heilige Dauid
ein ende macht alles vnglücks/vn vorspricht
vns den endlichen sieg/vber alle vnsere Fein-
de/das wir die vberwinden vnd mit Füssen
treten sollen.

Da sollen E. L. erstlich lerne die wort
dieses Verses verstehen/vn darnach
was wir für nutz daraus haben/wie
wol aber dis auch eusserlich nach dem Buchstaben erfüllet ist/das den frommen Gott-
fürchtigen/ auch die grausamsten/ schedlich-
sten vnd gifftigsten thiere/nicht haben schaden können / wie der liebe Daniel sich rü-
met/das die Engel Gottes den Löwen den
Rachen zugehalten haben/das sie ihn nicht
haben künnen beleidigen/ Item/das Daniel einen grossen Drachen vmbracht/ Das
Samson einen jungen Löwen erwürget/
vnd das S. Paulo die Schlange an seinem
Arme nicht hat können schaden. Vnd solcher Exempel gibt vns die heilige Schrifft
mehr/do die wilden/vnuornünfftigen thier/
mit jrer sterckte vnd gifft fromen Gottfürchtigen Leuten zu schwach gewesen sind.

Aber

Aber doch wil vns der heilige Geist vnter dem namen dieser Thiere/ etwas anders zu uersiehen geben/ dann do nennet er viererley Thiere/ derer zwey mechtig sind/ von stercke vnd krefften/ als der Löwe vnd der junge Löwe/ Zwey sind jhr aber mechtig von list vnd gifft/ als die Ottern vnd Trachen/ vnter denen zweyerley dingen/ stercke vnd list/ wil vns der heilige Geist abmalen alles das jenige/ was sich mit grosser stercke vnd gewalt/ vnd dornach was sich mit list vnd gifft wider vns wird auflehnen/ Dis sol vns weder mit beissen noch mit ansehen/ weder mit stechen noch mit anhauchen/ können beschedigen/ Wie dann dieser vier Thiere art vnd eigenschafft mit sich bringet/ die Leute zubeschedigen *Morsu, Visu, ictu, & flatu.* Vnd ist nu die summa dieses Verses/ als wolte der heilige Dauid sagen/ Ob du gleich wandeln müsest durch eitel Löwen/ Ottern/ jungen Löwen vnd Drachen/ ja mitten durch eitel Teuffel/ so soll doch dir nichts böses widerfahren/ weil Gott deine zuuersicht ist/ etc.

Durch den Löwen vnd jungen Löwen wird verstanden alle die gefahr die den Gottsfürchtigen von gewalt vnd Tyranney mag zuhan

D ij

zuhanden kommen/ es sey durch Tyrannen
oder andere böse Menschen/ die eine macht
vnd gewalt haben/ vnd solcher jhrer macht
andern zu schaden gebrauchen/ wie solches
fürnemlich zu sehen ist aus dem 22. Psalm/
da vnser lieber HErr Christus klaget vber
die grosse macht vnd gewalt seiner Feinde/
da nennet er sie auch Löwen/ die jhren Rachen auff sperren jhn zuuerschlingen/ Hilff
mir aus dem rachen des Löwen. Also auch
im 7. Psalm vergleicht Dauid seine Feinde
mit solchem vngehewren Thieren: Das sie
nicht meine Seele erhaschen/ vnd wie Löwen
zureissen. Was es für ein grimmig wütend
thier ist vmb einen Löwen/ wenn er sich er-
zürnet/ das weis man aus seiner natur/ darumb wird auch der Teuffel vnd die Gottlosen solchem Thiere vergleichet/ bey denen keine freundligkeit noch barmherzigkeit zufin-
den ist/ wenn sie sich ergrimmen.

ES hat zwar auch ein Löwe sonst andere gute eigenschafften an sich/ darumb
auch der HErr Christus ein Löwe aus dem
Stamme Juda genenet wird/ Aber alhie
bedeutet es böse/ mechtige/ gewaltige Leut/
die

die mit macht vnd gewalt/mit schrecken vnd
drewen sich vnterstehen, die Christen zube=
schedigen/zuuortilgen vnd gar auff zufressen,

   Der junge Löwe bedeutet eben dasselbige
auch/ denn er ist so from als der alte/ ob er
gleich noch die stercke nicht hat/ wie Chriso=
stomus fein sagt: *Catuli Leonum, licet viri-
bus sint impares, sanguine tamen gaudent.*

   Vnd weil der Gottlosen vnd Tyrannen
Kinder gemeiniglich geraten / wie die El=
tern gewesen/ wo sie anders nicht erger wer=
den/ So setz hie der heilige Dauid alte vnd
jungen Löwen zusammen/ als wir dann se=
hen/3. Reg. 12. Der König Roboam war
ein alter Löwe vnd Tyran/der seine Vnter=
thanen hefftig plagete/sein Son Jerobeam
war ein junger Löwe/der nichts frömer son=
dern erger war denn sein Vater/ Wie er sel=
ber sagt/ Mein Vater hat euch mit Peit=
schen gestrichen/ Ich wil euch mit Scorpi=
onen streichen. Was nu für gewalt vnd ty=
rannen wider die lieben Christen mag fürge=
nommen werden/ das wird mit dem namen
des Löwen vnd jungen Löwen begriffen.

   Die andern zwey Thier / Ottern vnd
Drachen/ gehören auch zusammen/die son=
derlich

derlich von jhrer list vnd gifft gerühmet wer
den/ vnd gehet doch fürnemlich auff die list
vnd gifft der falschen Lehrer/ wie Christus
vnd Johannes die Schrifftgelerten vnnd
Phariseer/ Schlangen vnd Ottemgezüch-
te nennet/ von wegen solcher jhrer list vnd
gifft die sie brauchen vnd aus schütten. Der
HErr Christus vermanet zwar auch seine
Jünger/ das sie sollen klug sein wie die schlan-
gen/ aber er billicht nicht die klugheit vnd
list/ die andern zu schaden gereichet/ dann
daruon wird der Teuffel die alte Schlange
vnd Drache genennet.

DArumb was wider frome Gottfürchtige Leute mit list vnd falscher Lehre
wird fürgenomen/ das wird hie alles in diesen zweyen Thieren/ Ottern vnd Drachen
beschrieben. Dann was der Teuffel nicht
durch offentliche gewalt vnd Tyraney kan
zuwege bringen/ das pflegt er mit list vnd
heimlicher gifft oder tücken zusuchen/ wie jhr
solcher list vnd gifft ein exempel habt/ Num.
24. Da der Löw der Balack der Moabiter
König/ wider die Israeliter nichts ausrich-
ten kundte mit offentlicher gewalt/ da kan
die

die Otter der Balaam/ der gab einen rath/ wie es jhm gelingen würde/ nemlich wenn er mit freundligkeit das Volck Israel zur Abgötterey vnd Hurerey bewegen kündte/ so würde Gott von jnen weichen/ vnd als dann würde er sie leichtlich vberwinden können. Dieser Ottern list vnd gifft geriet dem Könige besser dann seine gewalt vnd Tyranney/ wie jhr daselbs nuügt lesen/ Vnd Psalm. 58. leset jr von solchen Schlangen auch/ Er gedenckt auch der jungen Schlangen/ denn sie sind den alten an gifft gleich/ wie Chrisostomus auch sagt: *Catuli serpentum licet statura sint minores, veneno tamen sunt æquales.*

Das sey zum verstande der vier wörtlein gesagt/ Nun lernet auch verstehen die vier wörtlein gesagt/ Nun lernet auch verstehen die zwey wörlein *Ambulabis & Conculcabis*, Du wirst gehen vnd tretten/ Einem auff den Kopff tretten/ das heist vber einen oberhand vnd gewalt haben/ einen vberwinden/ wie vom HErrn Christo geweissaget ward/ Er solte der Schlangen den Kopff zutreten/ das ist/ dem Teuffel seine Werck zerstören/ Also stehets hie auch/ das frome/ Gott

D iiij

Gottfürchtige Christen/ entlich siegen vnd herrschen sollen/ vber alle die so jhnen mit gewalt oder list haben wollen schedlich sein/ Es sollen dieselben jhnen nicht alleine nicht schaden konnen/ sondern sie sollen zu bodem gestossen werden/ vnd den Christen vnter jhre fusse gedeien/ Vnd so fern sey vom Text gesagt.

NV last vns auch mercken/ warzu wir dieses Vers gebrauchen sollen. Denselben nutz vnd brauch wollen wir in diese zween Artickel fassen/ Nemlich/ das wir erstlich daraus bedencken/ die grosse vnd mancherley gefahr dieses vnsers zeitlichen Lebens/ darinnen wir teglich vnd alle augenblick stehen. Darnach das wir vns trösten der vberwindung die vns in diesem Vers wird zugesaget/ Diese beide nützliche Lehren sollen E.L. fleißig mercken.

Wie mancherley grosser gefahr wir in diesem zeitlichem leben sind vnterworffen/ das ist mit gedancken vnd worten nicht zuerreichen oder auszusprechen. Der Teuffel der herumb gehet wie ein brüllender Löw/ lauret auff vnsere gedancken/ worte/ werck/ wesen

sen vnd leben/verleumbdet vñ verklaget vns
für Gott/tag vnd nacht/verreth vnd beleugt
vns/thut nach seiner art/als ein Lügener
vnd Mörder.

Die Welt plaget vnd bedrenget vns
auch durch die Tyrannen/durch falsche Lehrer vnd derselben anhenger. Der alte Adam
den wir am halse tragen/der lest vns nimmermehr friede/ so sind vns Menschen vnd
andere Creaturen zuwider.

Die Alten haben ein fein gedicht vom
Ritter Tundallo/damit sie eines Christen leben haben wollen abmahlen/sagen derselbe Tundalus hab müssen vber eine schma-
le Brücken gehen/kaum einer Hand breit/
mit einer schweren Bürden/so er auff seinen
rücken tragen muste/vnter der Brücken war
ein grausamer Pful vol schweffel vnd few-
riger Drachen/die on vnterlas nach jhm
schnappeten/darzu begegnete jhm einer mitten auff dem Stege/dem hat er mit grosser
fahr/angst vnd sorge müssen weichen. Damit haben sie anzeigen wollen/wie ein Christ
hie auff Erden ein leben führet/als gienge er
auff einem schmahlen Stege/ja auff eitel
D ij Scher-

Schermessern/da er keinen fus recht setzen kan/es liegen im wege eitel stricke/netze vnd fußeisen/so schnapffet der Teuffel on vnterlas mit seinem rachen nach vns/das er vns gerne wolt in vngedult vnd verzweiffelung führen / Dazu gehet vns die Welt entgegen/ wil vns nicht weichen/ Sondern schlecht vber vns herlauffen/ So tragen wir eine schwere bürde an vnserm alten Adam/ der wil vns jmmer hinunter drücken/ so ist der weg an sich selbs fehrlich/schlipfferich vnd böse/ vnd ist mühe vnd arbeit/ noch dennoch müssen wir hindurch/ wollen wir anders selig werden./ Das stimmet fein mit diesem Vers/ wie wir vns hie auff Erden für Löwen/ Ottern/ jungen Löwen vnd Drachen haben fürzusehen. Vnd der Teuffel ist der rechte Löw vnd alte Schlang/welcher aus Gottes verhengnits offt grosse plage den lieben Christen zufüget. Darumb man sich auch nicht allein mit leiblicher Wehre vnd Ertzney / sondern mit geistlichen Waffen wider jhn rüsten soll/ mit dem Schilt des Glaubens/ vnd mit fleißigem Gebet.

Das ist aber vnser herrlicher trost/ das vns solche Feinde/ wie mechtig oder tiffig sie sind/

sind/nicht vberweldigen sollen/ sondern wir
sollen auff ihnen hergehen vnd sie mit füssen
tretten/ Dann wie Christus der HErr der
alten Schlangen ihren kopff zutreten hat/
also sollen wir in Christo auch vberwinden/
sein Creutz vnd tod ist das rechte himlische
Zeichen/ darinnen wir Löwen/ Ottern vnd
Drachen vberwinden/ Wie dem frommen
Keyser Constantino am Himel ein Creutz
erschien/ daneben geschrieben stunde: *In hoc
signo vinces.*

Solche vberwindung haben die lieben
Apostel vom HERrn Christo auch leiblich
vnd sichtiglich gehabt/ wie er jhnen zusagte/
Luc. 10. Ich hab euch macht gegeben zu treten auff Schlangen vnd Scorpion/ vnd
vber alle gewalt des Feindes/ vnd nichts wird
euch beschedigen. Item/ Marc. 16. Die zeichen so da folgen werden/ denen/ die da gleuben sind die: In meinem namen werden sie
Teuffel austreiben/ Mit newen Zungen re-
den/ Schlangen vertreiben/ etc. Diese sichtigliche zeichen waren im anfang hoch von
nöten. Aber heutiges tages siehet man/ das
solches vnser lieber HErr JHesus Christus
noch wircket/ durch seine krafft vnd schutz

der

der lieben Engelein/nemlich/das er seine lieben Christen verthediget/vnd sein wort vnter jhnen erhelt/wider den Teuffel vnd alle seine Engel. Item/wider so viel Tyrannen/Rotten/Falscher vnd vndanckbarer Leute vnter den Christē/ja auch wider vnser eigen fleisch vnd blut/welche allesampt stürmen wider das Reich Christi/vnd dennoch der Teuffel mit allem dem was er zu hülffe nimbt/nicht mus so gewaltig werden/das er das Wort von der Cantzel/vnd die heiligen Sacramenta aus der Kirchen brechte/Ob er wol mit grossem ernst sich des vnterstanden/vnd noch nicht auffhöret/durch den Babst/Türcken vnd allen jhren anhang.

Das machet den trost aber noch desto grösser/das vns Gott hie nicht allein gegen den alten/dem Löwen vnd Schlangen des siegs versichert/Sondern auch gegen jhren nachkümlingen vnd jungen/das ist/fort vnd fort/wider alles wilten vnd toben/wie der HErr Christus seiner Kirchen solchen steten Schutz auch vorheisset Matth. 16. *Portæ Inferorum non prævalebunt.*

Was folgt nu anders aus diesem Vers/denn das wir vns keine gewalt noch list wider

der vnsere Person/ Haab vnd Gut also be-
kümmern lassen/ das wir vns endliches vn-
tergangs vnd verterbens wolten besorgen/
Denn GOtt ists der vns allhie wider alle
macht/ allen gifftigen schaden vnd list versichert. Doch müssen wir allwege bedencken
den anfang dieses Psalms/ das die sich des
zu trösten haben/ Die vnter dem schirm des
Höchsten sitzen/ etc.

Araus kan ein jeder selbs leicht abne-
men/ wie grosse gewalt der Babst Ale-
xander 3. diesem Vers gethan hat/ da er jhn
zu Venedig on gefehr für vierhundert Ja-
ren/ wider den Keyser Fridericum Barba-
rossam gebrauchet/ vnd jhn für der Kirchen
mit Füssen getreten vnd gesaget hat: *Super
Aspidem & Basiliscum ambulabis, &c.* Das
ist der banck/ welchen die Bäbste den frommen
Keysern gegeben/ für die grossen geschenck
vnd begnadung der Kirchen/ dardurch das
Babstumb zu solchem auffnemen vnd hoffart ist kommen/ Köndten die Bäbste mit
jhren Bischoffen vnd Cardinelen heutiges
tages noch solchs gegen allen Euangelischen
Potentaten vben/ sie thetens gar gerne/ sie
nicht

nicht allein mit füssen zutreten/ sondern gar
zuuertilgen. Wenn keine Tyrannische
that von den Bäbsten geübet were worden/
denn diese/ so köndte man je daraus erken
nen/wie sie gegen Keysern vnd Königen/ic.
gesinnet weren/Jch wil geschweigen/das sie
wol etlichen im Sacrament mit Gifft ver
geben haben.

Heist dis nu Gottes höchste Ordnung
in der Welt geehret/ so ist es warlich eine
schlechte ehre/Wenn der Teuffelische Bapst
weder Scepter noch Kron an dem fromen
Keyser hette verschonen wollen/ so hette er
doch billich der heiligen Tauffe/vnd des blu
tes Christi/ an der Person des Keysers ver
schonen sollen/Aber daran sol man sie lernen
kennen/ wes sich grosse Herren zu jhnen zu
uersehen haben / sonderlich die es mit Chri
sto vnd seinem Wort trewlich vnd gut mei
nen. Welche aber sich daran nicht wollen ke
ren/ die mügen dem Kinde des vorderbens
nicht alleine die Füsse küssen / sondern sich
auch demselben gar vnterwerffen.

Gott behüt vns für jhren gedancken vnd
rachschlegen/ Es mangelt jhnen am willen
nicht/ Gott verbiete jhnen das verbringen.
Das

Das sey von diesem Vers gnug. Gott verleihe vns seine gnade/das wir in so mancher gefahr vns des Schutzes Gottes mügen trösten/Amen.

Der Viertzehende Vers.

Er begeret mein/ so wil ich ihm aushelffen/. Er kennet meinen Nahmen/ darumb wil ich in schützen.

Gliebten im HERren/ Dieser 91. Psalm ist nicht anders gestellet/ dann wie ein *Dialogus* oder Gespräch dreyer Personen/ die in gefehrlichen sterbensleufften mit einander davon reden/ wie man sich darinnen halten/ oder wo man hin fliehen solle/

solle/ da man müge sicher sein/ Dann erstlich ist eine Person eines Propheten/ die da deutlich berichtet/ das die Gottfürchtigen oder gleubigen Christen/ so in Sterbensnöten sich zu Gott halten/ alle jhr vertrawen auff jhn stellen/ werden für solcher Seuchen bewaret/ mit Gottes flügeln bedeckt/ an leib/ ehr/ vnd gut/ gnediglich behütet werden. Ja die lieben Engelein sollen solchen Leuten auff den dienst warten/ vnd sie für heimlicher list vnd offentlicher gewalt verthedigen.

Darnach ist eine Person eines Christgleubigen Menschens/ die sich solches trostes annimpt/ vnd dieselben verheissungen auff sich zeucht vnd deutet/ in dem sie sagt/ HERR du bist meine Zuuorsicht/ Meine Burgk/ Mein Gott auff den ich hoffe/ etc. Vnd dieser zweyer Personen reden haben wir in auslegung dieses Psalms bisher gehöret/ darinnen viel tröstlicher lehren sind gemeldet worden/ Wolte Gott E. L. hetten dieselben alle behalten/ so würden sie sich in Sterbensleufften vnd andern fürfallenden nöten wol damit trösten können.

Itzund aber bis zum ende des Psalms/ folget nicht eines Menschen/ nicht eines
Pro-

Propheten trost/ welchs doch auch gnug were/ Sondern Gottes des allmechtigen vnd Allerhöchsten trost selber/ damit der vorige trost aller desto mehr bekrefftigt werde. Daraus wir billich die grosse güte vnd barmhertzigkeit Gottes sollen erkennen/ das er vns nicht alleine so viel herrlichs trostes durch sein liebes Wort lest vermelden/ Sondern das er sich auch selber so gnedig vnd Väterlich gegen vns lest vernemen/ wie die wort mit sich bringen:

Er begeret mein/ so wil ich im aushelffen/ Er kennet meinen Namen/ darumb wil ich jhn schützen/ Er rufft mich an/ so wil ich in erhören.

Damit nu E. L. lerne/ welchen Gott helffen wolle/ vnd was er jhnen für wolthaten erzeigen wolle/ So wollen wir solche tröstliche Wort nach einander erkleren/ vnd sonderlich dismal sagen von denen dreyen wörtlein/ darinne eines Gottfürchtigen Menschen rechte eigenschafften beschrieben werden/ Nemlich/ Er begeret mein/ Er kennet meinen Namen/ Er ruffet mich

mich an. Wenn wir diese drey Empter eines Christen recht lernen/ so wird darnach das ander fein darauff folgen/ was Gott gegen solchen Leuten thun wil.

Js dritte vnd letzte teil dieses Psalms betrifft fürnemlich die/ so itzund albereit in einer noth stecken/ oder mit einer trübsal beladen sind/ als die itzund albereit kranckheit fühlen oder mit der schedlichen Seuche der Pestilentz vergifftet werden/ dann wie er bisher die gesunden vnd wolhabenden vermanet vnd vnterweiset hat/ also richtet er nu seine Lehre an die/ die itzund der hülffe bedürffen. Diese vnterweiset er was sie thun müssen/ da jhnen anders sol gehollffen werden/ vñ setzt diese drey vnterschiedliche stücklein: Er begeret mein/ Er kennet meinen Namen/ Er ruffet mich an/ Diese Empter eines betrübten oder beladenen Christen/ lernet dismal fein verstehn/ jr werdets vieleicht einmal bedürffen.

Dreymal stehet da das wörtlein/ Er/ damit er beschreibet einen solchen Christen/ wie oben in den ersten zweyen Versen ist abgemalet worden/ Der vnter dem schirm des höchsten

Höchsten sitzt/vnd vnter dem schatten des Allmechtigen bleibet/etc. Ein solcher Gottfürchtiger Mensch setzt nicht allein bey gesundheit vnd wolfart/ sein vertrawen vnd zuuersicht auff Gott/sondern auch in trübsal vnd widerwertigkeit.. Dann erstlich saget Gott von einem solchen Menschen/ Er begeret mein. Das ist nicht ein schlechtes begeren/ sondern sich mit grossem verlangen nach etwas sehnen/seine lust vnd begierde zu etwas haben/ wie dann eben dis Wörtlein stehet/ Gen. 34. do es also gedeutschet ist: Meines Sones Sichems hertz sehnet sich nach ewrer Tochter/ liber gebt sie jhm zum Weibe. Do stehet dis begeren von einem solchen sehnen/das wir eine Brautliebe nennen/ da eines seine lieb auff eine Person geworffen/ vnd one dieselbe nicht wol bleiben mag.

Ein solches sehnliches verlangen vnd begeren/ sol ein krancker/ betrübter/ angefochtener Christ auch haben/ nach seinem lieben Gotte/ Also/ das er seine grösste lust am Herren habe/sich nach jhm alleine sehne/ jhm allein als seinem allerliebsten anhange/ mit sin vnd mut ergeben sey. Wie wir solcher be-

P ij   gierde

gierde vnd liebe gegen Gott/am lieben Dauid viel exempel finden/als Psalm 18. Hertzlich lieb hab ich dich meine stercke/mein Fels/ meine Burgk/mein erretter/mein Gott/ mein hort/auff den ich trawe/etc. Psal. 42. Wie der Hirsch schreiet nach frischem Wasser/also schreiet meine Seele Gott zu dir/ etc. Psal. 63. 84.

Also heist nu das begeren/an Gott seine lust haben/jhn allein im sinne haben. Eine solche begierde vnd liebe zu Gott/machet alles Creutz leichte/schatzet alle ding gering/ treibt zu allem thun vnd lassen/was Gott erfordert/Es gilt einem solchen begirigen Menschen alles eins/es sey tod oder leben/ Vmb dieser liebe willen/wird ein Mensch allem dem feind was wider Gott ist/Für solcher liebe kömpt einem kranckheit vnd armut nicht sauer an/dann kan Menschen liebe viel widerwertiges leichte machen/wie solte dis nicht vielmehr thun die liebe Gottes? In solcher liebe haben die liebe Märterer jhr leib vnd leben mit lust vnd frewden dahin gegeben. Eine solche liebe fordert hie Gott von seinen lieben Christen.

Das ander heist/ Er kennet meinen
Namen/ Gottes Namen kennen/ heist nicht
allein wissen wie Gott genennet wird/ son=
dern es heist Gott also erkennen/ das man
sich alles des/ was von seiner Allmacht/ Gü=
te/ Barmhertzigkeit/ Trew vnd Warheit ge=
prediget wird / mit rechtem Glauben anne=
me/ alles das für warhafftig halte/ vnd sich
künlich darauff verlasse. Seine Gebot vnd
verbot/ drewung vñ zusagung allein in acht
habe. Diese erkentnus begreiffet einen rech=
ten Glauben/ dardurch man jhm alles das
applicire vnd zueigene/ was Gottes Wort
von Gott rühmet/ Auff solcher erkentnüs
stehet nicht allein zeitliche wolfart/ sondern
auch die ewige Seligkeit.

 Diese erkentnüs lehret vns allein auff
Gott trawen/ vnd denselben von allen an=
dern Abgöttern scheiden. Wo diese erkent=
nus des Göttlichen Namens nicht ist/ da ist
lautere blindheit vnd vnwissenheit/ das man
an dem rechten waren Gott sich versündigt/
vnd an andere Abgötter henget/ das man
Christum sein liebes Wort vnd alle die das=
selbige bekennen/ verfolget/ wie Christus al=
   P iij   le Ty=

die Tyranney vnd verfolgung der Jüden wider die Aposteln vnd andere liebe Christen diesem zuschreibet/ das sie weder Gott den Vater noch seinen Son Jesum Christum kennen.

Wem wollen wirs heutiges tages zu schreiben/ das die Papisten wider das heilige Euangelium also wüten vnd toben/ vnd so viel vnschüldiges bluts vergiessen/ dann eben dem/ das sie Gott nicht kennen/ vnd ob sie sich schon solcher erkentnus rühmen mit dem munde/ so verleugnen sie jhn doch mit der that. Wir Christen aber lassen dieses vnsern höchsten ruhm sein/ das wir Gott kennen/ vnd wissen aus seinem lieben wort wes wir vns zu jm haben zuuersehen/ vnd wenn wir noch so alber vnd einfeltig weren/ das wirs aus grossen Büchern nicht wissen könten/ So lerets vns doch sein kurz vnser Christlicher Glaube/ doraus wir Gott kennen/ als vnsern Schöpffer/ Erlöser vnd Heiligmacher/ vnd wer den Artickeln vnsers Christlichen Glaubens/ recht nachdencket/ der wird eine heilsame erkentnus Gottes daraus schepffen. Das ist das ander wörtlein

wörtlein/das Gott von einem gleubigen hie rühmet.

Das dritte wörtlein heist/Er ruffet mich an. Wie ein Christ inwendig im hertzen gegen Gott gesinnet ist/das er Gott erkennet/ vnd seine lust vnd begierde an jhm hat/also beweiset ers auch auswendig mit dem munde vnd mit der that/das er jhn anruffet/lobet vnd preiset/demselben alleine seine not klaget vnd heimstellet/dann das ist die rechte Christliche Kunst/sich Gott mit hertzen vnd munde gantz vnd gar vertrawen/vnd jhm alles befehlen. So rühmet nu Gott an einem geengsten/betrübten oder angefochtenen Christen auch dieses/das er in seiner noth/Gottes nicht vergisset/sondern an jhn mit dem hertzen gedencket/vnd jhn mit seinem munde preiset/dann was solten dis für Christen sein/die in jhren nöten Gottes nicht allein vergessen/sondern wol an jhm verzweifeln/vnd noch dazu lestern/die jhre not lassen grösser sein/denn Gottes hülff vnd Allmechtigkeit? An denen kan Gott keinen gefallen haben/Sondern die rühmet er/die in der not getrost beten/vnd dis gewißlich gleuben/ das Gott nicht one genies geliebet wird/vnd

P iiij die

die sich des geneigten willens vnd allmechtigen vermügens zu jhm versehen/ als der jhnen nicht allein wolle/ sondern auch könne
helffen/ in allen jhren nöten. Diese drey stücke sollen wir allhie mit grossem fleis mer-
cken/ das wir derer in vnsern nöten gegen
Gott auch brauchen lernen/ die da heissen/
sich nach GOtt sehnen oder seiner begeren/
Seinen Namen kennen/ vnd jhn anruffen/
welche drey stücklein E.L. aus jtzt gethaner
erklerung werden verstehen können.

NV lernet auch warzu vns heutige Lection dienet? Erstlich lernen wir allhie
nicht von einen Propheten oder Apostel/
sondern von Gott selber/ wie wir in vnsern
nöten gegen Gott sollen gesinnet sein/ oder
was Gott von vns erfordere vnd haben wol-
le/ wenn wir etwa in einem Creutze stecken/
da er vns anders solle helffen.

Fürnemlich diese drey ding erfordert
Gott von vns/ das wir jhn im hertzen mit
solcher liebe meinen/ vnd vns nach jm sehnen
als jmmermehr ein Ehegenosse das andere
mag lieben.

Darnach

Darnach das wir rechte erkentnūs seines geneigten Willens gegen vns im rechtem Glauben erhalten/ vnd vns jhn ja in vnserer not nicht anders fürbilden lassen/ dann er sich in seinem Wort allenthalben/ vnd sonderlich allhie in diesem Psalm lest gegen seinen gleubigen Christen vernemen.

Vnd zum dritten/ das wir in vnsern nöten nicht stum oder zum Gebete gar verdrossen sind/ Sondern vnsere hertzen vnd mundt erheben/ vnd getrost schreien vnd ruffen/ wie wir solcher anruffung viel schöner exempel haben/ die in nöten zu Gott geschehen sind.

SAs lasset vns ja einen herrlichen trost sein/ das Gott nicht von vns erfordert in nöten/ dieses oder jenes zuthun/ sagt auch nicht/ weil dieser gar one alle sünde ist/ oder weil der alle meine Gebot gehalten hat/ oder weil ers mit diesen oder jenen wercken vmb mich verdienet hat/ so wil ich jhn erretten vnd beschützen/ Solcher Leute würde er keinen finden/ Sondern die ding erfordert vnd rühmet er/ welche auch in armen gebrechlichen schwachen Christen sein können/ vnd an

P v denen

denen noch allerley sünden kleben / Was
wolten wir doch dauon für trost haben/ weñ
Gott seine hülff auff vnsere wirdigkeit grün
dete? Da würden wir vns langsam einiger
hülffe versehen dürffen/sondern müsten jm
mer zweiffeln / aber da stellet er seine hülffe
darauff/ wenn wir vns nur hertzlich nach
Gott sehnen/ wenn wir jhn nur rechtschaf
fen erkennen/vnd in solcher begierde vnd er
kentnüs hertzlich anruffen.

   Das ist wol war/ das gleubige Christen
aus rechter liebe Gottes sich fleißig hüten/
das sie Gott nicht erzürnen mit mutwilli
gen sünden / so ist Gott auch so gerecht vnd
fromb/ das er nichts gutes vnbelohnet lesset.
Aber die h. schrifft bildet vns Gott für/ mehr
nach seiner gütigkeit / dann nach seiner ge
rechtigkeit/sintemal wir in vnsern nöten me
her trosts aus seiner barmhertzigkeit/ dañ aus
seiner gerechtigkeit empfahē. Das sey das er
ste/das jr lernet/ was Gott in nöten von vns
erfordere/das er vns seine hülffe erzeige.

   Darnach sollen wir auch lernen, wie die
se drey ding eins aus dem andern fein
folget/vnd eins on das ander nicht sein kan/
denn wo im hertzen rechter glaube vnd er
kentnüs

kentnis Gottes ist/ so folget gewis auch
rechte liebe vnd begierde gegen Gott/ vnd
folget darnach hertzliche anruffung. Dar=
aus wird eine solche liebe zwischen Gott vnd
den gleubigen Christen/das wir vns zu Gott
keiner andern trew versehen/ dann wie ein
Kind gegen seinem Vater/ein Weib gegen
jhrem Manne/vnd ein rechter freund gegen
dem andern. Wir sagen jtzund nur von de=
me/ wie wir gegen GOtt sollen gesinnet
sein/ Dann wie Gott gegen vns gesinnet
sey/wird hernach wol folgen. An diese drey
stücklein last vns vnser lebentage gedencken/
so offt als wir etwa in eine not oder anfech=
tung kommen/ Es kome solche not vnd an=
sechtung vom Teuffel/von bösen menschen/
von wasserley anliegen sie immermehr wol=
le / so last die not nimmermehr so gros sein/
das sie wolte die innerliche liebe vnd be=
gierde gegen GOtt vertunckeln/ das wir
Gott wolten feind werden/ oder das sie die
vorige erkentnis Gottes in vnsern hertzen
wolte ausleschen/ oder wolte vns an emsi=
ger anruffung Gottes verhindern/ Son=
dern lasset vns mit denen dreyen stücklein an=
halten/ vnd getrost hindurch dringen/ auff
das

das Gott vns diesen ruhm vnd ehre auch ge
ben müge/ Er begeret mein/ Er kennet mei
nen Namen/ Er ruffet mich an/ So wirds
zu letzt wol stehen vmb vns/ wie in nechster
Predigt wird folgen.

Zum letzten/ sollen wir darauff auch son
derliche achtung geben/ das neben einem
jeden stücklein stehet/ das wörtlein Mein/
Er begeret Mein/ Er kennet Meinen Na
men/ Er ruffet Mich an/ etc. Damit wil
vns Gott ja wol einbilden/ das wir in vnsern
nöten auff jhn allein/ vnd sonst auff niemand
vnser vertrawen vnd anruffung gründen
sollen/ Er wil durch das wörtlein Mein vnd
Mich ausschliessen/ alles was sonst mag ge
nennet werden/ wie Christus solch gantz hertz
gegen jhm auch erfordert/ Math. 6. Nie
mand kan zweyen Herren dienen/ Er wird
einen lieben den andern hassen/ etc. Darumb
wil Gott allein in vnsern nöten begeret/ er
kand vnd angeruffen von vns werden. Jr
wisset was vnter dem Babstumb für grew
liche Abgöttereyen gewesen sind/ darinnen
des rechten Gottes ist gar vergessen worden/
Ein jedes Land hatte seinen eignen Heiligen

oder

oder nothelffer / Ein jedes Element seinen
eigenen Patronen. Alle früchte/alles Vihe/
alle Stende vnd Personen/ ja zu einer jeden
kranckheit war ein sonderer Heilig verord=
net/ den man anruffen solte / als in Ster=
bensleufften/S. Sebastianum/S. Rochi=
um/S. Barbare/denen hing man an/ zu
denen gelobte man sich/derer namen rühme=
te man/denen erzeigete man allerley Göttli=
che ehre. Wo war da das wörtlein Mein
vnd Mich? Die ehre des ewigen GOttes
ward verwandelt in die ehre der sterblichen
menschen/ja auch der vnuernünfftigen thie=
re/ wie S. Paulus Rom. 1. saget. Darfür
werden wir durch diese wörtlein fein gewar=
net / da Gott vnser hertz / vnsern verstand
vnd mund/ jm allein wil zugeeignet haben in
allen vnsern nöten.

 Wer vber diesen hellen klaren bericht
noch in irthumb vnd blindheit bleiben wil/
der mag es thun. Wir aber dancken billich
vnserm lieben Gott / der vns durch seine ei=
gne Wort so deutlich berichtet / was wir in
vnsern nöten thun / vnd wohin wir vns hal=
ten sollen. Hertzlichs verlangen sol da sein/
Vnd sol nicht allein ein Heuchlerisch geplap=
per

per ſein/ mit dem Munde/ darüber Gott klaget/ Eſa. 29. da kein hertz dabey ſey. Es ſol im Glauben vnd rechter erkentniß Gottes geſchehen/ ſonſt iſt es ein Gebet zur Sünde/ dauon Dauid im 108. Pſalm ſaget. So ſol der Glaub auch im Hertzen nicht alleine bleiben/ ſondern durch mündliches gebet heraus brechen / da geſchicht dem beſehl Gottes gnug/ denn er thut Pſalm 49. Ruffe mich an in der zeit der not/ etc. Wie vngewis das gebet iſt/ derer die mit ihrem hertzen/ an etwas anders dann an Gott hangen/ vnd wie gewis dagegen das gebete derer iſt/ die Gott im namen ſeines geliebten Sons anruffen/ das wird offte geſagt/ vnd mügens E. L. leſen/ Pſal. 145. Der HErr iſt nahe bey allen die in anruffen/ mit warhafftigem hertz. Item/ Rom. 10. Es iſt ein HErr vnd Gott/ reich vber alle die jhn anruffen/ etc.

Das ſey alſo gnug/ von denen dreyen ſtücklein/ Er begeret mein/ Er kennet meinen Namen/ Er ruffet mich an. GOtt erhalte vns in ſolcher begierde/ erkendtniß vnd anruffung/ das wir ſeiner hülffe in allen nöten mügen teilhafftig werden/ Amen.

Der

Der Funfftze-
hende Vers.

Ich wil ihm aushelffen/ Ich wil
ihn schützen/ Ich wil ihn erhören/ Ich
bin bey ihm in der noth/ etc.

Eliebten im HErrn / auff das
der vielfaltige herrliche trost / welchen wir in diesem 91. Psalm bisher
gehöret haben / vns desto krefftiger vnd be-
stendiger sein möchte / so wird derselbe aller
am ende dieses Psalms mit den worten des
Allmechtigen Gottes selber bestetiget/ da er
sagt: Er begeret mein / so wil ich jn aushelf-
fen/ Er kennet meinen namen/ darumb wil
ich jhn schützen/ Er rufft mich an / so wil ich
jhn erhören/ etc. Nu haben wir aber in nechster Predigt ausgeleget die drey stück so Gotte von vns erfordert/ wenn wir in nöten stecke/
die da heissen / seiner begeren/ seinen Namen
kennen / vnd jhn anruffen / da dann E.
L. gehöret / Was für ein begeren dieses
sey

sey/ etc. Item/ was heisse Gottes Namen kennen/ etc. vnd wie man jhn solle anruffen. Es ist auch da mit fleis bewogen worden/ das wörtlein Mein vnd Mich. Vnd sind E. L. vermanet worden in allen jhren nöten dieser dreyer Wörtlein ja fleissig zugedencken/ vnd nimmer mehr keine noth so schwer zuachten/ welche in ewrem hertzen vnd munde/ solche begierde/ solche erkentnüs vnd anruffung Gottes/ wolte verhindern oder verduncklen/ etc.

NV wollen wir auch hören/ was sich dann der Allmechtige Gott gegen vns auff solche drey stück/ gutes erbeut/ vnd was er dagegen in vnsern nöten bey vns thun wil/ dann da setzt er nicht allein zu einem jeden stücklein eine sondere Verheissung/ sondern er thut der Verheissung viel mehr hin zu/ dann er stücke von vns zuthun erfordert. Auff vnser begeren setzet er die Verheissung/ Ich wil jhn aushelffen. Auff vnser erkennen/ setzet er die Verheissung/ Ich wil jhn schützen. Auff vnser anruffung thut er die zusage/ ich wil in erhören. Daran wer es vbrig gnug/ das sich Gott so gar gnedig gegen vns erbeut/ aber er lest es dabey nicht bleiben/ sondern

dern weil vns offt grosse not begegnen kan/ so wil er den trost auch desto grösser machen/ vnd sagt vber die vorigen zusagen: Ich bin bey jhm in der noth/ Ich wil jhn heraus reissen/ Ich wil jhn zu ehren machen/ Ich wil jn settigen mit langem leben/ vnd wil jm zeigen mein heil.

Findet man doch kaum in der heiligen schrifft an einem ort so viel tröstlicher Vorheissung Gottes beysammen/ als in diesem Psalm. Darumb sollen wir das ende desselben je so lieb vns sein lassen/ vnd so gerne hören auslegen als den anfang. Auff dasmal wollen wir handeln die drey verheissung/ die Gott thut auff vnser begeren/ erkennen vnd anruffen/ die lauten also.

Ich wil im aushelffen/ Ich wil jhn schützen/ Ich wil jhn erhören. Haben wir zeit/ so wollen wir die vierdte/ Ich bin bey jhm in der not/ auch dazu nemen/ damit wir in nechster Predigt den Psalm mügen vollenden. Weil dann der beschlus dieses Psalms gehet auff die Leute/ die jetzund albereit in einer not stecken/ oder bedrenget werden so gebt je fein achtung drauff/ wie reichlich

reichlich Gott solche Leute tröstet/ Dann dürffen wir jtzt des trostes nicht/ es wird wol die zeit komen/ das wir sein bedürffen möchten. So heist nu der erste trost/ Ich wil jhn aushelffen/ Er sol mit seiner hertzlichen begierde vnd verlangen nach mir/ nicht stecken bleiben/ oder zu schanden werden/ Sondern ich wil jhn heraus erretten. Dieser trost kan vns nimmer mehr so lieblich vnd angenem sein/ als wenn wir die eigentliche deutung des Hebreischen wörtleins wissen. Was hie gedeutscht ist/ aushelffen/ das ist im Hebreischen genomen/ von dem entrinnen/ als da jemand aus einer fehrlichen schlacht entrinnet/ vnd von seinen Feinden erlediget wird/ Also saget Gott/ wolle er seinen gleubigen Christen auch daruon helffen/ das sie entrinnen sollen. Denn es haben die Christen hie auff erden nicht geringe/ schlechte feinde mit welchen sie zu kempffen haben/ vnd stets zu Felde liegen müssen/ Dann das wir da der geistlichen Feinde geschweigen/ als da ist der Teuffel mit seinen Engeln/ welche S. Paulus gewaltige Fürsten vnd Herren nennet/ die in lüfften schweben/ denen wir viel zu alber vnd zu schwach sind/ etc.

Wie

Wie mancherley vnglück tregt sich sonst mit fromen Christen zu/ das jhr leben billich ein steter Streit vom lieben Job genennet wird/ dann da haben wir zu streiten mit verfolgung vnd Tyranney der Gottlosen/ da haben wir zu streiten mit armut/mit kranckheit/ mit verachtung/ mit sünde/ mit Gottes zorn/ mit dem Tode/ vnd halte das wir mehr Feinde haben/die wider vns sind/dann wir haar auff vnsern Heuptern haben. Wo sollen wir dahin? Lasset vnser hertzlichs verlangē vnd begierde/ nur gerichtet sein zu dem Allmechtigen vnd Höchsten Gott im himel/ der wil vns nicht darinne stecken oder verderben lassen/ Sondern wie er hie spricht. Er wil vns wol daraus helffen/ das wir sollen entrünnen/vnd dauon kommen. Gott wil die in keinen nöten verderben lassen/ derer hertzen sich nach jhm sehnen. Er hilfft jhnen aus aller not/ wie schwer die auch sein mag/ Moses seufftzet/ Gott hilfft jhm aus/etc.

O wie mus dieses dem lieben Loth so tröstlich gewesen sein/da er von den Königen der Heiden gefangen weggefüret ward/vnd da er hörete das sein Vetter Abraham sich
D ij seines

seiner anneme/ vnd wolte jhn wider los ma-
chen/ wie er dann auch that/ vnd denselben
Königen/ den Loth vnd allen raub abjagete/
Für welche errettung der Melchisedech dem
lieben Abraham grosse ehre erzeigte Gen.14.
Wieuiel ein grösserer trost sol dieses einem
betrübten/ angefochtenen Christen sein/ das
sich Gott selber seiner wil annemen vnd jn
aus seinen nöten erretten Dann wieuiel Gott
grösser vnd mechtiger ist/ dann Abraham/
oder jrgend ein anderer Mensch so vielss
vnser trost auch grösser/ dann derer die sich
auff Menschen verlassen. Alhie auff Erden
hören wir offt/ das ein Mensch zum andern
sagt/ Ich wolte dir gerne aushelffen ich hab
selber nichts/ ich vermag es nicht/ bey Gott
aber dürffen wir vns keines vnuermügens
oder mangels besorgen er ist *Diues in omnes
inuocantes se*, reich vber alle die jhn anruffen
Rom. 10. so ist sein arm vnuorkürtzt zu helf-
fen/ allen denen die sich auff jhn verlassen.
    Die Gottlosen müssen in nöten stecken
bleiben vnd vntergehen/ Wie es mit Pharao-
ne vnd allen den seinigen geschahe/ das
nicht einer dauon komen were/ sie ersoffen
alle im roten Meer/ aber die auff Gott traw-
                                                    in/

en/ sollen nimmermehr zuschanden werden. Wie ich wol gleube/ es sey vnser keiner/ der nicht solches aushelffen Gottes an jnen selbs zum offtermmal erfahren hette/ wie Gott jm so gnediglich in thewrung/ in armut/ in kranckheit/ vnd anderer grosser gefahr hat ausgeholffen/ Des sollen wir hinfurt vns zu Gott auch versehen/ das auff vnser hertzlichs begeren/ sein gnediges aushelffen sol folgen. Das sey von der ersten zusage/ Ich wil jhm aushelffen.

Vff das ander stücklein das wir in vnsern nöten thun sollen/ nemlich Gottes Namen erkennen/ vnd alles des vns mit gleubigem hertzen trösten was sein wort von jhm rühmet/ da folget eine andere Zusage/ das Gott spricht: Ich wil jhn schützen. Nu wissen wir wol/ was in vnserm Deutschen heist/ einen schützen/ nemlich für jemande vertreten vnd verthetigen. Aber die eigenschafft des Wörtleins/ das Gott brauchet/ ist noch nicht damit gegeben. Dann weil wir Ausleger Gottes Worts sein sollen so werden E. L. gedult tragen/ da wir euch die eigenschafft solcher Wort weisen. So bedeutet nu dieses wörtlein im Hebreischen eigent-

D iij lich

lich einem empor helffen/als wenn jhr zweene ringen/vnd der so jtzund vnten ligt/bald
wider empor kömpt/also sagt Gott/sollen
meine liebe Christen nicht stets vnten liegen/
Ich wil jhnen wider empor helffen/Ich wil
sie vnten wider herfür ziehen/sie sollen allen
Plagen zu hoch sein/das sie derer keine sol
vberweldigen. Das ist der schutz den vns
Gott alhie verheisset/dann da wil Gott vns
anzeigen/ob wol Pestilentz vñ andere kranck
heiten so gewaltige Ringer sind/die vns vnter sich werffen/vnd allda auff vns liegen/
vnd vns drücken/so wolle sie doch Gott nicht
stets also auff vns liegen lassen/sondern einmal von vns hinweg reissen/das wir für jhnen wider auff komen können.

Wie dann vnser keiner auch sein wird/
der nicht solche Verheissung leiblich an jhm
hette erfahren/das jhn etwan eine kranckheit
hette nieder geworffen/dauon jhm Gott wider auff geholffen hette/vnd gibt vnsere gemeine weise zu reden fein die eigenschafft dieser Verheissung Gottes/da wir offt sagen/
die Kranckheit warff mich gar nider/Aber
Gott hat mir wider auffgeholffen. Vnd solches ringen/das weret fast jmmer fort vnd
fort/

fort/das vns da oder dorte ein vnglück vnter sich wirfft/aber der HErr hilfft noch jmmer wider auff/wie von solchem fallen vnd auffhelffen/auch im schönen Confitemini ist gesaget worden.

Aber noch ein starcker Ringer vnd Kempfer ist dahinden/das ist der Tod/der wird sich entlich auch an vns machen/das wir mit jm werden müssen ringen/aber wir sind jhm viel zu schwach/er wird vns vnter sich werffen/vnd redlich drucken/Er wird vns so fest halten/das wir vnter jm nicht werden wider herfür komen. Wie sollen wir jhm da thun? Wir sollen den Göttlichen Namen kennen/das ist/wissen vnd gleuben das jenige/was die heilige Schrifft von Gott rühmet/vnter dem ist auch dis sonderlich das gesagt wird/Ose. 6. Er wird vns nach zweyen tagen wider lebendig machen/etc. Item/Ose.13. Tod ich wil dir ein gifft sein/rc. Mich. 2. Der Held wird durchbrechen/vnd sie werdē auch durchbrechen/rc. Solche erkentnis sollen wir fest halten/so wil vns Gott auch entlich aus dem tod/welchr das gröste vnglück ist/wider empor helffen vñ aufferwecken/wie wir solcher verheissung an vnserm liebē Herrn Christo/
eine

D iiij

eine augenscheinliche erfüllung haben/ welchen der Tod/ auch vberweldiget vnd vnter sich bracht hat/ Aber am dritten tage ist er wider herfür komen/ vnd hat vber den Tod wider geherrschet.

Solches sol an allen gleubigen Christen gleichsfals erfüllet werden/ das ob sie der Tod / gleich vnter sie wirfft vnd würget/ so sol er sie doch nicht ewiglich vnter jhm behalten/ sondern sie sollen mit grosser klarheit vñ herrligkeit wider herfür komen. Dann so wenig als der Tod den HErrn Christum in seinen banden vnd klawen hat behalten können/ so wenig sol er auch alle die behalten die an Jhesum Christum gleuben/ wie Christus selber sagt/ *Viuo & vos vinetis*, Ich lebe vnd jhr sollet auch leben. Item/ Ich bin die aufferstehung vnd das leben/ wer an mich gleubet/ ob er gleich stürbe/ so wird er leben/ etc. Vnd von dieser tröstlichen Zusage/ wird ein gleubiger Christ fein einem Palmbaum vergleichet/ Psalm 92. *Iustus vt Palma florebit*. Dann wie keine Last so schwer ist/ die den Palmbawm könte vnterdrücken/ ob man jn gleich darunter legt/ also sol kein Creutz noch trübsal so gros sein/ das einen gleubigen Christen

sten solte können dempffen/vnd vberweldigen/ In Christo Jhesu sollen wir Triumphiren vnd siegen vber alles vnglück.

Das sey auch gnug von der tröstlichen Verheissung Gottes/ Er kennet meinen namen/ darumb wil ich jhn schützen/ Ich wil jhn nicht lassen vnten liegen/ sondern wider herfür ziehen/ da sagt vns Gott trawn nicht zu/ das wir gar niemand vntern füssen liegen sollen/ sondern das vns Gott endlich wider herfür rücken/ vnd empor heben wollen. Das nennet er schützen.

Nu höret was er für eine Zusagung thut auff vnser Gebet/ da sagt er/ Er ruffet mich an/ so wil ich jhm antworten/ oder erhören/ denn wenn Gott antwortet/ so hat er erhöret/ vnd seine antworten die sind *Reales*, sie bringen die erhörung alsbad mit sich/ es sind nicht Hofe antworten/ da man einem offte antwortet mit guter vertröstung/ darauff doch nichts folget/ sondern wo Gott erhöret vnd antwortet/ vnd anders jm solches zu ehren vnd vns zu nutze gereichet/ so folget alsbade das Werck oder die wolthat darauff. Da wollen wir nicht lang sagen/ wie vnser gebet müsse angestellet werden/ da es anders sol

sol erhöret werden/ dann das höret jhr auff andere zeiten/ das mercket allein/ das solch Gebet aus rechter hertzlicher begierde gegen Gott vnd warhafftiger erkentnůs Gottes mus geschehen/ sonst ists eine sůnde vnd eckel für Gott/ darumb setzet Gott hie das begeren vnd erkennen für das anruffen/ wir sagen/ es mus von hertzen gehen/ Solch Gebet sagt Gott/ woll er erhören/ das ist auch eine treffliche Verheissung/ vnd eine sonderliche beweisung des geneigten willen Gottes gegen vns/ das vnsere Gebet nicht vergebens sind/ Sondern das sie von Gott erhöret werden/ vnd ist nie keine not so gros gewesen/ die nicht durch das gleubige Gebet/ were abgeschaffet oder je zum wenigsten gelindert worden vnd so mancherley trübsal als einem Menschen widerfahren kan/ so mancherley exempel haben wir auch / von krafft vnd erhörung des lieben Gebets.

 Dann erstlich vermochte das Gebet Ezechie/ das vrteil des Todes zu *retractiren*, Esa. 38. Was meinen wir das Abrahams Gebet für die Sodomiter für ein ansehen gehabt hat / wenn doch nur zehen Gerechte allda weren gewesen. Wie offt hat GOtt des

des Mosi Gebet erhöret/ vnd vmb des willen abgewendet/ was er vber das Volck Israel beschlossen hatte/ Wie jhr leset Exod. 7.8.9.10..

Durchs Gebet werden die Feinde vertrieben/ vnd ein gantzes Heer geschlagen vnd zerstöret/ wie Exod. 17. stehet/ das Moses mehr ausgericht hat/mit seinem beten/ dann Josua mit seinem streiten.

Josaphat vnd Ezechias die fromen Könige/ haben mehr durch jr Gebet/ dann durch jhr Kriegsvolck gesieget. Das Gebet Josua kan Sonn vnd Monde in jrem lauff vorhindern/ bis er sich an seinen Feinden gerochen hat/ Josu. 10. Das Gebet Elie hat die krafft/ das es aus tewrer zeit wolfeile zeit machet/ 3. Reg. 18.

Vnd ein solches gleubiges Gebet vermag auch viel für andere Leute/ wie auch alle fromme Heiligen anderer Christen fürbit stets begeret haben/ als 2. Thess. 3. Jr Brüder bittet für vns / das GOttes Wort lauffe/ etc.

Durchs Gebet erlanget man auch alles gutes/ als den heiligen Geist/ Luce 11. Mein Vater wil den heiligen Geist geben/ die jhn

darumb

darumb bitten. Vnd wer kan alle exempel von krafft des Gebets erzelen/ Dieser aber gedencke ich hiebey/ das wir daraus können gewis sein/ das Gott vns wolle erhören/ da wir jn anruffen. Wol ist is war/das wir nicht so heilig sind als Josua/ der die Sonne am Himel mit seinem Gebet kundte stille halten. Wir sind auch nicht so heilig als Moses/der des Meer trennete/ vnd eine gebenete Strasse hindurch machete. Doch sind wir eben die Leute/ denen Gott zu beten befielet/ vnd solche Zusage thut/ das er vns wolle erhören/ darumb sollen wir vns am Gebete nichts verhindern lassen.

Wenn wir nu schon wolten sagen/warumb Gott seine lieben Christen nicht alles Creutzes mag vberheben/ so bringet dieser Text/ die antwort selbs mit/ Nemlich/ das Gottes ehre nirgent so offenbar an vns würde/ dann was dürffte er vns aushelffen/ was dürffte er vns schützen/ was dürfften wir beten vil er vns erhören/ weil wir in keiner not nicht steckten. Damit wir aber seine allmechtigkeit vnd gütigkeit erkennen/ so wirfft er nicht allein vnter das Creutz/ Sondern er hilfft auch wider heraus/ vnd hebt empor/ ja

er erhöret auch das Gebet seiner gleubigen
Christen/vnd hilfft jhnen/dafür er wil ge=
rühmet vnd gepreiset werden. Vnd wie wol=
ten diese verheissungen Gottes one vorge=
hendes Crutz an vns erfüllet werden.

Das aber nicht allwege auff vnser Ge=
bet solche erhörung folget/geschicht darumb
das es vns nicht allweg gut were/wie den
beiden Sönen Zebedei Math.20. Dazu sind
etliche die jre ohren gegen den armen verstop=
fen/die sollen wider nicht erhöret werden/
Prouerb. 21. So sind etliche die jhre hende
mit vnschuldigem blut beflecken/die sollen
auch nicht erhöret werden/Esa.1. Versiehet
weil sie in vnbusfertigkeit beharren/Denn
sonst lesen wir von Manasse dem Prophe=
ten mörder/das sein Gebet ist erhöret wor=
den/da er busse that. Item/da man Gott
nicht wil hören wenn er ruffet/so wil er wi=
der nicht hören/wenn man jn rufft/Zach.8.

Ob aber Gott auch seine lieben Christen
bisweilen mit der erhörung auffzeucht/ge=
schicht es jhnen zum besten/das er sie probi=
re/jhren Glauben entzünde/vnd seine wol=
that jnen desto angenemer mache/Warumb
solte doch einer vnterm Creutz trawrig sein/
weil

ſl wir von dem Allmechtigen/ warhafftigen Gott so reiche herrliche verheissung haben. Lasset vns nu wachssen in der begierde/ erkentnis vnd anruffung Gottes/ Er/ als ein trewer Gott/ wird vns ausheiſſen/ ſchützen/ vnd vnſer Gebet gewislich erhören/ Das helffe vns allen der trewe/ warhafftige Gott/ vmb ſeines einigen Sones Jeſu Chriſti willen/ Amen.

Der Sechzehende Vers.

Ich bin bey jhm inn der noth/ Ich wil jhn heraus reiſſen/ vnd zu ehren machen. Ich wil jn ſettigen mit langem leben/ Vnd wil jhm zeigen mein Heil.

Geliebten im HErren/ als wir geſehen/ wie ſich die erſchreckliche Seuche der Peſtilentz/ auff allen ſeiten zu vns genahet/ So haben wir als trewe

Wechter

Wechter/ vnsere Zuhörer/ für solcher straffe warnen/ Gott in die Rutte fallen/ vnd das rechte mittel derselben zuentfliehen/ weisen wollen/ dazu wir dann diesen 91. Psalm erwehlet/ der dann dauon sonderliche meldung etlich mal thut. Vnd ob schon daraus allerley lehre vnd trost ist vermeldet worden/ so haben wir doch in dem dritten vñ letzten teil/ dahin wir kommen/ fast den meisten vnterricht vnd trost zu mercken. Vnd ist am nechsten gehandelt worden/ von dreyen stücken/ derer wir in solchen geschwinden Sterbensleufften gegen Gott brauchen sollen/ die heissen/ Er begeret mein/ Er kennet meinen namen/ Er ruffet mich an. Was für not fürfallen mag/ so sollen wir derer dreyer stücke gegen Gott vns errinnern/ nemlich/ seiner hertzlich begeren/ vns alles des/ was von jhm geschrieben/ mit gleubigem hertzen trösten/ das heist seinen Namen kennen/ vnd aus solchem Glauben jhn anruffen.

Darnach haben wir auch angefangen zu sagen/ wes sich dann GOtt gegen vns wider erbeut/ nemlich/ auff vnser begeren/ setzet er das aushelffen/ Auff vnser erkentnüs seines Göttlichen Nahmens/ setzet er das

das beschützen/ auff vnser anruffung setzet die erhörung/ dauon wir nechst gehandelt haben/ vnd so weit sind wir im Text kommen. Nu wollen wir fort faren/ vnd sehen ob wir dismal zum beschlus komen möchten/ dann diese herrlichen verheissungen habē wir noch zu handeln: Ich bin bey jhm in der noth ich wil jhn heraus reissen/ vnd zu ehren machen. Ich wil jhn settigen mit langem leben vnd wil jm zeigen mein heil.

GElicbten im HErrn/ Wir wissen vnd gibt es die erfahrung/ das betrübten/ angefochtenen/ oder auch krancken leuten/ bis jhr Creutze mehret/ jnen auch dazu schedlich ist/ wenn sie alleine sein/ vnd niemand vmb sich oder bey sich haben/ Dagegen aber ist es jhnen tröstlicher/ macht jhnen jr Creutz auch desto leichter/ wenn sie jemand bey sich haben/ der sich jhrer annimpt/ oder mit jnen in gleichem Creutze stecket/ Daher sehen wir das vnser lieber HErr Christus in seinem todeskampff am Oelberge/ nicht allein sein wolte/ sondern nam seiner Jünger drey zu sich/ die alldo bey jhme wachen solten/ Da dieselben aber auch schlaffen/ do sehen wir wie es dem HErrn Christo sein leiden mehret

ret.Dann das ist gewis/ der Teuffel ist gern vmb solche einsame Leut/ vnd legt es jhnen gar feste/ vnd sichet mit fleis/ wo er sie mag vberwinden/oder zu zweiffel bringen. Einer alleine ist dem teuffel zu schwach/wie wir alzumal befinden. Nu ist es aber auch offt vmb vnser creutz vnd trübsal also geschaffen/ das vns Leute wenig darinne helffen oder rathen künnen/ wenn derselben schon noch so viel vmb vns weren/ es ist vns auch jhre gemeinschafft wol so bald verdrießlich/als angenem. Wer aber Gott bey sich haben kan/ der ist nicht allein/ob er schon sonst von allen Menschen vnd Creaturen verlassen were/vnd des einigen Gottes gegenwertigkeit/ thut mehr zum trost vnd zur hülffe/dann aller Menschē auff Erden/wie wir auch sehen/das der Herr Christus den trost fest behelt/ das ob jn schon seine Jünger werden verlassen/ das dennoch Gott der Vater/ bey jm werde bleiben Johan. 16.

Da aber auch Gott sich stellet/ als were er von jm gewichen/da wird das Creutz vnd leiden erst schweer/ wie er aus dem 22.Psalm klaget/ Mein Gott/ Mein Gott warumb hastu mich verlassen? Darumb ist dis je vnd
R allweg

allweg / aller betrübten angefochtenen vnd
leidenden Christen / höchster wundsch gewesen / das sie Gott nicht wolle vorlassen / vnd
haben aus seiner gegenwertigkeit / auch den
höchsten trost gehabt / in allem jhrem elend/
wie wir am lieben Dauid sehen Psalm 73.
Wenn ich nur dich habe/Herr/so frage ich
nichts nach Himel vnd Erden.

Darmit tröstet nu Gott allhie alle betrüb
te vnd leidende Christen / das er jhnen nicht
allein wolle aushelffen/sie nicht allein beschü
tzen/ jr gebet nicht allein erhören/ sondern er
wolle auch selber bey jhnen sein. Das ist erst
eine rechte anzeigung eines väterlichen ge-
müts bey Gott/das er auch in nöten bey vns
sein wölle / eben wie ein Vater/ da er siehet
sein kind etwan in ein wasser oder in ein fewer fallen/so springt er zu jhm/ vnd kompt jm
zu hülffe/ob er gleich nebē dem kind in gefahr
komen solte/vnd also sagts vns Gott deutlich
zu Esa.43. *Cum transieris per aquas tecū ero.*

Nu beweiset aber Gott solche seine gegenwertigkeit bey vns./auff mancherley weise / sonderlich aber auff diese viererley weise / als mit seinem geneigten willen /mit seiner macht vnd gewalt/mit seinem wort vnd
Geist/

Geist/ vnd endlich mit der natürlichen vereinigung seines lieben Sones/ Diese viererley art der gegenwertigkeit Gottes/ sollen E.L. heute fleißig mercken. Dann erstlich spüret man eines gegenwertigkeit an seinem geneigten willen / den er gegen einem tregt. Mit solchem geneigten gemüte vnd willen ist Gott gegenwertig/ bey allen denen so jhn in jhren nöten anruffen/wie der 144. Psal. fein sagt: *Prope est Dominus omnibus inuocantibus eum, inuocantibus eum in veritate. Volūtatem timentium se faciet,&c.* Das ist allein trostes gnug/ das wir wissen/das Gott mit seinem geneigten willen/ bey vns sein wolle/ denn an Gott ist wollen vnd verbringen alles eins/da sonst manchmal einem ein mēsch gerne helffen wolte/wenn er künte. Vnd daher stimmet auch fein der 30. Psalm/ Sein Zorn weret einen augenblick/ vnd er hat lust zum leben. Darnach so beweiset Gott seine gegenwertigkeit an vns auch mit seiner macht vnd gewalt/ wie man aus der macht/ vnd aus einem Heer eines Weltlichen Herren spüren kan/seinen geneigten willen gegen einer Stad oder gegen einem Lande /wenn er solche macht vnd Heer ausschicket / dieselbe

R ij   Stad

Stad oder Land zuuorthedigen/also ist zwar Gott für sich selber allmechtig/bedarff keiner andern hülffe/vns zu schützen/durch seine allmacht sind wir was wir sind/nichts desto weniger beweiset er auch seine macht/mit der menge seiner himlischen Heerscharen der lieben Engel/die er abfertigt/die seinigen zu schützen vnd zuuerthedigen daruon wir oben gehört haben/das Dauid sagt/Er hat seinen Engeln vber dir befehl gethan/das sie dich behüten sollen. Zum Dritten/zeigt vns die heilige Schrifft an/das auch GOtt selber mit seiner Gnaden in vns sein/ vnd wonen wolle/ wie dann der HErr Christus selber bezeiget/Joh.14.Wer mich liebet/der wird mein Wort halten/vnd mein Vater wird jhn lieben/vnd wir werden zu jhm kommen vnd wohnung bey jhm machen / daher auch alle gleubige Christen vnd fleissige Zuhörer des heiligen Göttlichen Worts/ von S. Paulo Tempel vnd wonungen des heiligen Geistes genennet werden/1.Cor.3 2.Cor.6.

Zum vierden/beweiset Gott seine gegenwertigkeit bey vns/durch die vereinigung der Göttlichen vnd Menschlichen Natur in den
Herrn

HErrn Christo/ Dann Gott ist Mensch
worden/Jhesus Christus ist Fleisch von vnserm Fleisch/vnd Bein von vnsern Beinen/
von solcher natürlichen vereinigung/ der
Göttlichen vnd Menschlichen natur/ in einer person des HERRN Christi/ wird
Christus genennet Immanuel/ Gott
mit vns/ als das sich Gott nicht allein mit
macht vnd gnad gegen vns verpflichtet/ sondern das er sich auch selber in vnsere menschliche natur bekleidet hat/das nennet die Christliche Kirche *admirabile commertium,* Vnd
der heilige Augustinus *lib.13.de Trinit.cap.19.*
sagt/ Das dis die gröste gnade Gottes ist/
vnter allen dingen auff erden/ das der mēsch
in einigkeit der Person vereiniget ist/ dem
waren Gott selber. Darumb mügen wir ja
jtzund wol vnd künlich sagen/ Gott ist mit
vnd bey vns/ nicht allein als der Schöpffer
vnd Regent/ bey seinem geschöpff mit gnaden vnd guten willen/ auch nicht wie er vor-
zeiten bey den Propheten vnd Vätern war
mit seinem Geist/ auch nicht durch seine All-
mechtigkeit/wie er gegenwertig ist im Himmel vnd auff Erden, sondern auch mit seiner

K iij   leibli-

leiblichen gegenwertigkeit/als ein Mensch
vns zu trost vnd sonderlichen ehren.

Was mag immermehr tröstlichers ge
saget werden/dann das Gott selber mit vnd
bey vns sey. Vnd da sich die lieben Altuätter
vnd Propheten/der gegenwertigkeit Gottes
getröstet haben/in jhren nöten/wie wir al
lenthalben sehen/sonderlich in den Psalmen/
als 23. Ob ich auch wandelt mitten im schat
ten des Todes/fürchte ich kein vnglück/dañ
du Herr bist bey mir. Psalm 118. Der Herr
ist bey mir/mir zu helffen/was können mir
Menschen thun? Viel billicher trösten wir
vns/im newen Testament damit/das Gott
bey vns ist/dann da ist er bey vns auff eine
sondere weise/die heist also: *Verbum caro fa
ctum est, & habitauit in nobis.* Vnd sagen
mit S. Paulo Rom. 8. *Si Deus pro nobis, quis
contra nos?* Ist Gott mit vns/oder für vns/
wer mag wider vns sein? Vnd solcher son
derlichen gegēwertigkeit vnsers lieben Herrē
Jhesu Christi/werden wir versichert durch
das heilige/hochwirdige Sacrament/oder
Nachtmal des Herrn/darinne wir dem Her
ren Christum mit seinem Leib vnd Blut zu

vns

vns nemen. Was kan einem Christen Menschen tröstlicher sein/ in allen seinen nöten/ dann das er weis/ das Christus als ein warhafftiger Mensch/ vnser Fleisch vnd Blut/ ja vnser Bruder/ in allen vnsern nöten/ wir sein wo wir wollen/ gegenwertig sey? vnd nit allein alles wisse/ sondern auch vermüge/ vñ gegenwertig helffen wölle.

Dieses seligen trosts/ wolte vns der Teuffel durch die alten vnd newen Sacramentirer gerne berauben/ in dem er die wesentliche kegenwertigkeit/ des Leibs vñ bluts Christi iin Sacrament verleugnet/ vnd fürgibt/ als ob Christus nach seiner Menscheit im Himmel handele mit seinen Engelen/ nach seiner Gottheit handele er mit vns auff Erden/ durch den heiligen Geist.

Derhalben sollen wir vns für dem teuffelischen jrthumb der Sacramentirer hüten/ denselben nicht geringe achten/ Dann es dem Teuffe nicht allein zuthun ist/ vmb die gegenwertigkeit des Leibes vnd Bluts Christi/ iin heiligen Nachtmal / Sondern auch den gantzen Christum/ vnd seine warhafftige erkentnis/ darinne das Ewige leben stehet/ vns zu entstehen. Dann lassen wir
R iiij vns

vns Christum aus dem heiligen Sacrament
rauben/ wo wollen wir vns sonst seiner gegenwertigkeit zu trösten haben? Vnd geben
wir dieses zu/ das man nichts gleuben solle/
dann was wir mit der Vernunfft begreiffen
vnd verstehen können / so werden wir gar
leichtlich den Christlichen glauben/ mit allen
seinen Artickeln verlieren/ vnd keine andere
Religion behalten/ dann die Heiden gehabt
haben. Vnd dis suchet eigentlich der teuffel damit/ das er vns Christum wil halbieren/
einen teil den Engeln/ den andern theil vns
Menschen lassen/ das wir Christum/ vnd
mit jhm den Christlichen glauben/ gar ver-
lieren möchten/ damit die Prophecey Christi erfüllet werde/ Luc. 18. Meinestu wen des
Menschen Son kommen wird/ das er werde glauben finden auff Erden. Das stücke
nahet sich herzu/ vnd ist zubesorgen/ das alls
bereit mehr vnglaubens stecke/ in der Menschen hertzen/ dann jemand mag gedencken.

Denen es nu ein ernst ist/ Gott bey sich
zu haben/ vnd zubehalten/ der gedencke stets
an seinen geneigten willen/ an seine wache/
an seine inwendige beywohnunge vñ gnade/
vnd an die liebliche vereinigung Jhesu Chri-
sti/

sit/ mit vns armen Menschen/ Vnd weil es
sich mit der Welt zum Abend vnd zum ende
nahet/ so lasset vns ja fleissig bitten / Das der
Herr Jhesus Christus mit seinem heiligen
Worte vnd rechtem verstande seines tewren
Nachtmals wolle bey vns bleiben. Das sey
vom Trost der gegenwertigkeit Gottes.

Wir müssen aber das Wörtlein auch
bedencken / das darbey stehet / In der Not/
dann das sind die Leute wol zubereden / auch
wol die Gottlosen / das Gott bey jhnen sey/
wens jhnen wol gehet/ Aber dieses gleuben/
das Gott bey vns sey in der noth / vnd wenn
es vns vbel gehet / da gehöret traun mühe
dazu/ dann als dann pflegen wir am meisten
zu klagen / das Gott von vns gewichen sey/
vnd vns gantz vnd gar verlassen habe/ Aber
Gott der Herr thut vns hie die zusage / das
er nicht allein wölle bey vns sein/ wens vns
wolgehet / sondern auch wenn es vns vbel
gehet. Er wolle nicht gegen vns thun / wie
in der Welt gemeiniglich geschicht/ da man
zur zeit des glücks viel freunde hat / die zur
zeit des vnglücks von vns weichen/ vnd vns
verlassen/ O nein/ ein solcher Freund wolle
er nicht sein / sondern wo die noth am grösse
ist/

A v

ist/ da wolle er seine kegenwertigkeit / gegen vns am meisten scheinen lassen.

Aus diesem Wörtlein: In der noth/ haben wir vns zweyer nötiger lehren zu erinnern/ Erstlich das die lieben Christen/ so Gottes von hertzen begeren/ seinen Namen kennen/ vnd jn anruffen/ nicht aller angst vnd noth vberhaben sein/ sondern auch in noth kommen sollen / vnd dasselbige darumb das es jnen nicht gut were/ ohn alles Creutze leben/ dann sie dadurch in sicherheit vñ vnterlassung des Gebets/gerathen möchten. Vnd ob wol oben der Prophet mancherley trost gegeben hat/ darinne er die Gottfürchtigen alles Creutzes freyet/ so haben doch Ewer L. daselbs gehört/ das er eine vnderscheide macht/ zwischen schedlichem vnd nützlichem trübsal/ daruon er zwar auch in einem andern Psalmen von sich selber sagt/ *Bonum est mihi Domine, quod humiliasti me.* Vnd weil Gott durch lauter *Contraria,* mit vns handelt/ so würden wir/ aller dieser seiner Zusagen nicht können theilhafftig werden/ wenn er vns alles Creutzes vberhübe. Was dürffte er vns aushelffen/ was dürffte er vns schützen/ was dürfften wir beten/

ten/ vnd er vns erhören/ wenn keine noth /
noch fahr vorhanden were. In summa/ beschlossen ist es/ das auch die frömmesten Gott-
fürchtigsten/ wol am allermeisten angst vnd
noth vnderworffen sind/ Wie S. Paulus
sagt/ Alle die Gottselig leben wollē/ in Christo Jhesu/ die müssen verfolgung leiden/ etc.
so weisens auch die Exempel aller heiligen
Gottes/ die jemals gelebet haben. Derhalben
darff niemand darumb ein Christ werden/ dz
jhm kein Creutz noch trübsal sol vnter augen
stossen/ sondern das er in der Creutzschulen/
desto mehr studieren/ vnd aus solchem ver-
genglichen Creutz/ sich der ewigen Herrligkeit desto mehr annemen wil/ wie Augustinus fein saget: *Ideo Deus fœlicitatibus terre-
nis amaritudines miscet, alia vt quæratur
fœlicitas, cuius dulcedo non est fallax.* Wir
dürffen auch nach eusserlichem glück vnd vnglück nicht vrteilen/ von rechten oder falschē
Christen/ dann es den Gottlosen offt wol /
vnd den frommen dagegen vbel gehet/ zum
gewissen zeugnis/ das ein ander leben hinder-
stellig sey/ darinne das gute belohnet/ vnd
das böse endlich sol gestrafft werden/ Das ist
eins/ das jhr bey dem Wörtkin bedencken
sollet/

sollet/ Den Christen wird hie auch jhre noth
verkündigt.

Darnach sollen wir fleissig mercken/das
vns Gott vmb solcher noth willen/nichts desto
feinder ist/ er wil sich solche noth/ keines
weges von vns lassen sondern vnd scheiden/
sondern in der noth wil er bey vns sein/ darumb
sollen wir alle diese gedancken/ für
Teuffels pfeile achten/ die vns bisweilen in
vnserm trübsal einfallen/ als hette Gott vnser
gar vergessen. O nein/ dis wort Gottes:
Ich bin bey jhm in der noth: sollen wir vns
lassen gewisser sein/ deñ jrgend einen solchen
gedancken/ denn so wenig als ein Mutter jr
kind vergessen vnd verlassen kan/ so wenig
wil es Gott kegen vns thun. Esa.49. Vñ ob
er sich einen kleinen augenblick für vns verbirget/
so wil er sich doch mit ewiger barmhertzigkeit
wider zu vns keren/ Esai. 54.

Wenn wir nu keinen andern trost hetten/
in vnsern nöten vnd fehrligkeiten/ dann das
Gott mit vns ist/ was solten wir vns fürchten
fürm Teuffel/ für der Gottlosen Rotte
des Bapsts vnd anderer widerwertigkeit?
Aber da sollen wir auch bedencken/ bey welchen
Gott sein oder nicht sein wolle/ Dann
was

was das für Leute sein müssen/ die Gott bey sich haben wollen/ ist vorhin erkleret worden/ die von hertzen Gottes begeren/ seinen Namen kennen/ vnd jn anruffen. Das aber die Gottlosen/ die Heuchler/ hoffertigen vñ andere offentliche sünder/ sich der kegenwertigkeit Gottes rhümen wollen/ das ist vnrecht/ Dann Nume. 14. sagt Moses zum Volck Israel/ do sie wider Gottes befehl streiten wolten / wider die Amalechiter: *Nolite ascendere, quia Dominus non est vobiscum.* Josua. 7. Wil Gott nicht sein/ wo offentliche sünde nicht gestraffet werden. *Non ero vltra vobiscum donec conteratis huius sceleris reum.* 1. Sam. 4. Hiere. 7. Rhümen sie sich vergebens/ *Templum Domini, &c.* Gott helff das wir vns also halten/ das er bey vns bleibe. Amen.

Der Sechszehende Vers.

Ich wil jhn zu ehren machen/ Ich wil jhn setigen mit langem leben/ Vnd wil jhm zeigen mein Heil.

Liebe

Lieben freunde Christi/ Weil wir Menschen von Natur also gesinnet sind/ das wir nicht gern vmb sonst etwas gutes thun/ wo wir nicht einer belohnung wider dauon wissen zugewarten/ Wie auch ein Poet gesagt hat: *Et nunc gratis pœnitet esse probum.* So hat Gott in seinem Worte zu seinen Geboten alwege reiche verheissung gesetzet/ dadurch er vns zum guten wil bewegen/ Vnd ist nie kein Mensch gewesen / dem es nicht reichlich were vergolten worden/ der Gott trewlich gedienet hat/ Gott lest sich nicht vergeblich lieben vnd ehren/ Er vergilt denen reichlich/ die jhme seine Gottesdienste trewlich leisten/ Wie solches S. Paulus fein meldet/ 1. Timoth. 4. Die Gottseligkeit ist zu allen dingen nütze/ vnd hat verheissungen des gegenwertigen vñ zukünfftigen lebens. Vnd eben dieses bezeuget Gott selbs in dem dritten vnd letzten teil dieses Psalms/ da er vnsere Gottseligkeit fasset in diese drey stücke/ Nemlich/ Gottes von hertzen begeren/ seinen Namen kennen/ vnd jn anruffen: Darauff hat er gar herrliche verheissung gethan/ die wir E. L. allbereit eins teils erkleret haben/ Als/ Jch wil
jhn

jhm aushelffen. Ich wil jn schützen. Ich wil jhn erhören. Vnd in der nechsten Predigt haben wir zumal eine tröstliche verheissunge Gottes ausgelegt/ da Gott sagt: Ich bin bey jhm in der noth. Da Gott solchen Gottsfürchtigen Leuten verheisset seine kegenwertigkeit/ auch in jhrer noth vnd trübsal.

Dismahl wöllen wir andere verheissung Gottes mehr E. L. erkleren/ vnd damit diesen Psalm beschliessen/ Dann also folget der Beschlus. Ich wil jhn heraus reissen / vnd zu ehren machen/ Ich wil jhn settigen mit langem leben / Vnd wil jhm zeigen mein Heil. Da haben E. L. abermal vier tröstlicher zusagung Gottes zu mercken / Vnd solte sich ein jeder Christ fein gewehnen / das er diesen Psalmen / sonderlich den letzten teil / auswendig könte/ vnd wenn er selber / oder andere Leute in nöten weren/ so solte er dieses stück fein her sagen / Gedencke an den HErrn / tröste dich seines Namens / Ruffe jhn nur von hertzen an / Er wird dir gewis aushelffen/ Er wird dich gewis schützen / Er wird dich gewis erhören/ Er wird gewis in deiner noth seine kegenwertigkeit an dir beweisen.

Nu

NV folget im Text/was dann Gott in vnser not bey vns machen wolle/ dann was hilfft es vns/wenn noch so viel leut bey vns weren in vnsern nöten / vnd können oder wollen vns dennoch nicht helffen/ Darumb zeiget Gott nu selbs an/ wes wir vns seiner kegenwertigkeit sollen trösten/vnd sagt: Eripiam eum. Ich wil jhn heraus/aus der noth reissen. Als welte er sagen/ Ich bin nicht also bey meinen lieben Christen in der noth/ wie auch wol der Teuffel vmb sie ist/ das ich sie wolte noch herter plagen / vnd jhnen jhr Creutz schwerer machen/ Sondern das ich sie aus der noth/ welche sie schwerlich geplaget hat/ wider errette/ erquicke vnd zu rechte beinge / Wie wir denn dieses tröstliche Wörtlein/ das im Hebreischen alhie sihet / nicht vermügen mit einem deudschen Wörtlein gnugsam auszulegen / Denn da bedeutet es erstlich/einen ledig machē. Darnach bedeutet es/ einen entblösen / wie einer ein kleid auszeucht. Zum dritten/heist es einen quit ledig vnd los sprechen/oder zu frieden stellen. Zum letzten/ heist es einen wapnen oder mit Harnisch verwaren. Da nu Gott hie des wörtleins brauchet / Ich wil jhn ihn heraus reissen/Wil er so viel sagen/Ich wil meine Christen nicht allein aus der not erledigen/vnd jnen daraus helffen /sondern ich wil sie aller angst vnd not entblösen/Ich wil sie dauon gantz vnd gar quitirn / vnd auch wieder solche not sie wapen vnd rüsten/ das sie dawider bestehen sollen. Sehet war= zu die gegenwertigkeit Gottes in vnsern nö= ten/vns sol gereichen/Darumb ist es auch kein wunder/das sich die Gottfürchtigen in ihrem Creutze stets also nach Gott gesehnet/ seiner hülff getröstet/vnd seinen namen an= geruffen haben / Wie Dauid offt sagt : *Do-mine ne discesseris à me, ne derelinquas me,* Ach Herr weiche nicht ferne von mir / ach HErr verlasse mich nicht / Als wolte er sa= gen / Wenn du wirst bey mir sein/ so wird die noth entlich ein auffhören haben müs= sen/Vnd daher stimmet auch fein/ was S. Paulus sagt 1. Corinth. 10. Wir haben einen getrewen Gott / der vns nicht lest höher angefochten werden / dann das wir können ertragen / vnd machet das die anfechtung ein auskommen hat. Das sey vom Wörtlein: Ich wil in heraus reissen/ Das andere Wörtlein ist erst eine treffliche

S   verheissung

verheissung/ *à fine crucis & calamitatis nostræ.* Warzu vns dann endlich vnsere noth vnd trübsal sol gereichen/ dazu/ das wir dadurch sollen zu Ehren kommen/ Wie er selber saget: *Glorificabo eum.* Ich wil jhn zu ehren machen/ Das ist Gottes wunderbarlicher Rath/ das er seine Christen zuuor in angst vnd noth/ in hohn vnd spot wirfft/ ehe dann er sie erhebet/ vnd zu ehren bringet/ im Reich vnsers lieben HErrn Christi/ ist Creutz vnd trübsal/ ein weg zur ewigen ehren vnd herrligkeit. Bey den Gottlosen gehet *Gloria ante passionem*, herrligkeit vnd bracht für dem leiden/ wie beim Reichen Manne/ Aber bey den Christen/ wie auch bey dem Herrn Christo selbs/ da gehet *Passio ante gloriam*, das leiden für der herrligkeit/ wie Christus der HErr selber von sich sagt/ Muste nicht Christus also leiden vnd sterben vnd eingehen in seine herrligkeit? Solche weise füret Gott für vnd für bey seinen lieben Christen/ das er sie erstlich in noth vnd elend/ in verachtung vnd spot/ stecket/ aber letzlich verwandelt er trawrigkeit in frewde/ spot in ehre/ wie S. Paulus dauon herrlich zeuget/ Rom. 8. Dieser zeit leiden/ ist nicht werd

werd der herrligkeit/ die an vns sol offenbart werden.

Item/ Werden wir mit Christo leiden/ so sollen wir auch mit jm zur herrligkeit erhaben werden/ Vmb solcher folgender ehre vnd herrligkeit willen/ die Gott auch frommen Christen bisweilen in dieser Welt widerfahren lest/ so sollen wir das liebe Creutz nicht so hoch schewen/ Was war es dem Mardocheo/ nach seinem grossen langwirigem creutz/ vnd verfolgung des Amans/ für ein grosser ruhm vnd ehre/ da jn der König Assuerus lies in der Stad in grosser herrligkeit vmbher führen/ vnd dabey schreien/ Also sols denen gehen/ die der König wil geehrt haben. Viel eine grösser ehre vnd herrligkeit/ wil der König aller Könige/ Gott der Allmechtige denen erzeigen/ die im Creutz mit gedult aushalten/ vnd bey jhm bestehen/ wie er solches auch beweiset hat/ an dem lieben Job/ welchem er nach seiner grossen ernidrigung vnd verachtung/ herrlich wider erhöhet vnd zu Ehren gebracht hat/ Vnd dieser Verheissung solten sich billich alle fromme Christen trösten/ die in dieser Welt viel Creutzes erfahren/ vnd sehr vndergedrucket müssen

S ij

müssen werden/ da mancher von haus vnd
hoff ins elende verjaget/ oder sonst in andere
wege vnbillich geplagt wird/ der solte daran
gedencken/ das jm Gott selber zusagt/ Er
wölle jn nach solchem Creutz/ wider zu ehren machen/ seine Ehr sol hernach grösser
sein bey Gott/ dann seine schmach vnd vn-
ehre bey den Menschen gewesen ist. S. Paulus tröstet sich auch der Kron der herrligkeit
die jm ist beygelegt. Alhie mus ich auch gewehnen des feinen gedanckens/ welcher der
heilige Bernhardus/ vber diesen Text gehabt
hat/ der nimpt die drey Wörtlein/ *Tribula-*
tionem, ereptionem, & glorificationem. Vñ
zeucht sie fein auff die drey tage/ die sich mit
dem Herrn Christo zugetragen haben/ Nemlich da der Charfreitag war *dies tribulationis*
& crucis, An welchem der HErr Christus
in Creutz vnd noth war/ Der folgende tag
war *dies ereptionis,* da er aus dem Creutz errettet war/ vnd im Grabe lag/ darinne Er
von allem Creutz ruhete vnd feyrete/ Der
dritte tag/ nemlich der heilige Ostertag/ das
war dem Herrn Christo *dies glorificationis,*
ein tag der frewden vnd herrligkeit. Eben
also sagt er / müssen wir Christen solche
drey

drey tage/ an vns auch erfahren / Dann
was ist schier vnser gantzes leben alhie auff
Erden/ denn ein *dies tribulationis*, es ist
schier ein lauterer Charfreytag an einander/
da jmmer eine noth auff die ander folget /
wie ein jeder an jhm selber / er sey in waser=
ley stande er wölle/ erfehret. Aber es sol
endlich auch folgen *dies ereptionis*, ein tag
der erledigung / an welchem vns Gott aus
der noth reissen wil/ vnd geschicht es nicht
ehe / so sol es doch geschehen durch ein seli=
ges sterbstündlein/ da sol alles jammer vnd
elend / angst vnd noth/ an vns sterben vnd
auff hören/ wir aber sollen zu ruhe kommẽ/
da vns keine qual sol rüren oder betreffen.

Letzlich sol auch *dies glorificationis*, der
tag der Herrligkeit an vns ergehen / da wir
zu grosser freude vnd herrligkeit mit vnserm
Leibe auch sollen wider aufferwecket werden/
da sollen wir die rechte verklerung vnd *glo-*
rification an vns erfahren. Diese drey tage
bilde jhm ein jeder Christ aus diesen dreyen
verheissungen wol ein / Dann selig ist der/
welchen Gott in noth stecket / vnd ist doch
bey jhme in der noth / Noch seliger ist der/
welchen Gott aus seiner noth errettet / Am
S iij aller=

aller seligsten ist der Christ/ welcher nach aller angst vnd noth von Gott zu ehren gemacht wird.

Die dritte verheissung Gottes/ die wir jetzund auszulegen haben/ die heist: Ich wil jhn setigen mit langem leben. Was hilfft einem grosse Ehre vnd herrligkeit/ wenn dieselbige gar keinen bestand nicht hat? Darumb verheisset Gott hie daneben/ das wir solcher ehre mit langem leben geniessen sollen. Dieweil aber zweyerley leben ist/ ein tegenwertiges vnd ein zukünfftiges/ so können wir diese vorheissung von langem leben/ auch auff alles beides deuten./ Dann Gott in seinem lieben Wort auch ein langes leben hie auff Erdn/ als eine sonderliche wolthat vorheisset/ wie wir sehen/ das er frommen gehorsamen kindern im vierden Gebot/ solche verheissung thut: Du solt deinen Vater vnd deine Mutter ehren/ auff das du lange lebest/ vnd dirs wolgehe auff Erden. Mit welcher vorheissung Gott die Kinder desto zu mehrerm gehorsam kegen diesem Gebott wil reitzen. Dergleichen sagt auch Gott zu allen Gottfürchtigen Regenten/ wie sie mit jhrer Gottes furcht jhre tage sollen vorlengern/

gen/Deut. 17. Vnd Deut. 6. verheisset er
langes leben allen Menschen/die nach seinen
Geboten wandeln werden. Dagegen wird
auch dieses an den Gottlosen für einen fluch
geachtet/das sie jhre tage nicht bis zur helffte
bringen/vnd eines vnzeitigen todes sterben
sollen/Psal. 55. Die Blutgirigen vnd trie-
ger/werden jhr leben nicht zur helffte bringen. Dazu so schicket Gott Krieg/pestilentz/
thewre zeit/das die Gottlosen dadurch auff-
gereumet werden. Das aber auch viel fromme Christen nicht ein grosses alter erreichē/
des hat Gott seine sondere vrsachen auch/
wie jhr leset/Sap. 4. Das jr verstand nicht
verderbe/vnd jhre Seelen nicht verführet
werde.

Vnd Esa. 57. Das sie für dem
künfftigen vnglück hinweg gerafft werden.
Wenn nu Gott hie auff Erden/ein feines
geruhiges Alter bescheret/das ist trawn eine herrliche Gabe Gottes/das einer seine
Kinder kinder kan mit frewden sehen. Heutiges tages verhindern wir vns offte selber
an solchem Segen/da wir vns eins teils
für der zeit tod fressen vnd sauffen/eins teils
vns dieses leben mit vergeblichen sorgen/
selbs

S iiij

selbs vnruhig machen vnd verkürtzen/dar
an ist traun Gott entschuldiget.

Aber was ist doch dieses leben hie auff er=
den/ wenn es auffs aller lengste weret/kegen
dem Ewigen leben? Wir müssen klagen mit
dem lieben Jacob/ *Dies peregrinationis nostræ sunt pauci & mali.* Es ist dieses leben wie
ein schatten/vnd der Mensch wie eine Was
serblase/die jetzund scheinet/balde vergehet/
Darumb lassen wir langes leben auff Erde/
auch wol einen segen sein/ Aber das ewige
leben/ mag billich eine *Longitudo dierum,* ge
nennet werden/ da nimmermehr die zeit kein
ende noch auff hören haben wird/da sol sein
freiwde die fülle/ vnd lieblich wesen/zur rech
ten Gottes ewiglich/ Psal. 16. Vnd wie
Bernhardus fein saget: *Illa diuturnitas nec
terminum, nec illa claritas occasum, nec illa
satietas fastidium habitura est.*

Dieses Ewige leben verheisset Gott al=
lenthalben den Gottfürchtigen/die an seinen
Sohn Jhesum Christum gleuben.Vnd das
hin deuten wir billich diese verheissung Got
tes/ Ich wil jhn settigen mit langem leben/
Da sol vnsere Ehre vnd freude recht ange=
hen/ welche hie auff Erden durch allerley
schmach

schmach vnd trawrigkeit ist vertunckelt vnd
verhindert worden/ Dann hie auff Erden
heist es eigentlich also: Kein freud one leidt/
Aber dort soll alles leid an den Gottfürchti=
gen auffhören/ vnd in lautere freude ver=
wandelt werden/ vnd sol solche freude nicht
allein lang / sondern ewig ohne auffhören
weren.

Wer wolte sich nicht auch diese tröstli=
che Verheissung bewegen lassen / in allen
seinen nöten Gottes von hertzen zubegeren/
seines Göttlichen Namens sich zu trösten /
vnd mit steter anruffung seine hülffe zu bit=
ten/ auch sein leben diesem Gott zu ehren/zu
bessern/ Ich gleube es gentzlich / wenn die
Weltkinder des gewis weren / das sie hie
auff erden solten lange in jhrem sewischen /
vnd Viehischen leben bleiben / das sie viel
ehe zubewegen weren/ durch solche verheis=
sung des zeitlichen lebens/ etwas gutes zu
thun/ dann das wir / die wir Christen sein
wollen/ vnsern sünden etwas abbrechen/ vn
ein Christlich leben führen solten / vnserm
Gott zu ehren / der vns aus gnaden das
ewige leben/ vmb des HErrn Christi wil=
len / an den wir gleuben/ zugeben verheissen
hat/

hat/ etc. Das sey auch dauon gnug / Wir Predigen doch was wir wollen/ so werdens jhnen die Leute mit jhrer verdamnis einen grössern ernst sein lassen/ dann mit jhrer seligkeit / Vnd werden wol des zeitlichen vnd des ewigen Lebens vergessen/ vnd jhnen selbs verkürtzen.

Die letzte Verheissung in diesem Psalm heist: Jch wil jhm zeigen mein heil. Das ist ein rechter Beschlus dieses Psalms/ vnd das beste ende aller gleubigen Christen/ Gottes Heil sehen. Wir verstehen aber nicht allein durch das Wörtlein Heil/ alles glück vnd heil/ allen segen vnd wolfart/ in diesem zeitlichem Leben/ wie es dann auch bedeutet/ Sondern auch von dem fürnemesten Heil/ das jemals der Welt widerfahren ist/ welchs ist Gottes einiger Son/ vnser einiger trost vnd heil/ Diesen verheisset Gott allhie zu zeigen/ denen die jhn begeren/ erkennen vnd anruffen. Das ist erst die Summa alles trostes/ das vns Gott sein Heil zeigen wolle. Solches zeigen geschieht zweyerley weise/ Erstlich/ das wir hie in diesem Leben vnsern Heiland Jhesum Christum sehen/ durch den
Glauben

Glauben / wie jhn sahe der liebe Abraham/ vnd daruon seine höchste frewde hatte/ Joh. 8. Ja wie jhn auch nicht allein leiblich/ sondern auch Geistlich sahe der liebe alte Simeon / vnd erlangete aus solchem sehen / eine sonderliche lust vnd begierde zusterben/ wie er mit seinem Lobgesang bekandte vnd sagte: HERR nu lessestu deinen Diener im friede fahren / dann meine augen haben dein Heil oder deinen Heiland gesehen/ etc.

Wenn wir nu bedencken / was die lieben Patriarchen vnd Propheten / für ein sehnliches verlangen gehabt haben / nach diesem verheissenen Heiland / da Esaias sagt / Cap. 45. *Rorate Cœli desuper & nubes pluant iustum, & terra germinet saluatorem. Item, cap. 64. vtinam disrumperes cœlos & descenderes, &c.* Aus solchem sehnen können wir die herrligkeit dieser Verheissung desto besser verstehen / die da heisset / *Ostendam illi salutare meum.* Was ist doch ein Mensch / wenn er gleich aller Welt Weisheit vnd Reichthumb hette / vnd wüste nichts von diesem Heil vnd trost der Menschen

sehen? Darumb haben wir auch desto mehr vrsache / GOtt für diese Verheissung zu dancken / die er an vns gar reichlich erfüllet hat / in dem er vns seinen einigen lieben Son vnsern Heiland / aus seinem lieben Wort hat zuerkennen geben.

Aber der beste theil dieser Verheissung / ist noch dahinden / vnd sol erst im ewigen leben recht erfüllet werden / dann da wil vns Gott zeigen sein Heil / das wir seinen lieben Son JHesum Christum / von angesicht zu angesicht sehen sollen / vnd sollen jhm auch gleich sein / in der herrligkeit / wie es der heilige Bernhardus sein also auslegt: *Ostendam illi Iesum meum, vt in æternum eum videat, in quem credidit, quem dilexit, quem optauit.* Das ist / Ich wil jhm meinen SON JHesum zeigen / das er den ewiglich sehen sol / an welchen er gegleubet hat / welchen er geliebet / vnd nach welchem er stets gewündschet hat.

Das wird ein rechtes seliges sehen sein / Vnd dis sehen wird nicht das geringste stück sein der ewigen frewde vnd wonne.
Dann

Dann dencket nur was S. Petrus
für ein frolocken darüber hat / da jhn Gott
sein Heil den HERRN Christum lest
sehen / auff dem Berge Tabor in seiner
Verklerung / daruon er sagt: *Bonum est
nos hic esse &c.* Was wird dis für eine
frewde sein / den Heiland aller Welt sehen / nach seiner Aufferstehung vnd Him-
melfarth / in seiner vollkommenen herrligkeit?

So fasse nu einer den anfang vnd das
ende dieses Psalmes zusammen / So
wird ein jeder daraus verstehen können/
wo er sich in Sterbensleufften vnd andern nöthen hinhalten soll / Nemlich vnter den Schirm des Höchsten / vnd Schatten des Allmechtigen / etc. Vnd was er
darfür zugewarten habe / das jhm GOTT
nicht allein wil Aushelffen / Schützen /
Erhören / in nöthen selber bey jhm sein /
jhn heraus reissen / zu ehren machen / mit
langem Leben settigen / Sondern er wil
jhn auch seinen einigen lieben Son JHE-
SUM CHRISTUM / den er
der Welt zum Heilandt verordnet hat /
in

in ewiger herrligkeit zeigen vnd weissen/ Was solte doch einen rechten gleubigen Christen betrüben können?

Also haben E. L. bisher den 91. Psalm hören auslegen/ GOTT hiemit zu dancken / der vns für schrecklichen Sterbensleufften allhie gnediglich behüttet hat / jhn auch hiemit zu bitten / das er vns hinfurt vnter seinen gnedigen Schirm vnd Schatten / wolte erhalten / Auch vnsere liebe gegen denen hiemit zu beweisen/ vnd für sie zubitten/ die darmit heimgesucht werden.

Gleich wie aber das Volck Israel siegete/ so lang Moses seine Hende empor hube / Also hat GOTT auch wunderbarlicher weise / vnser verschonet/ so lang wir mit dieser Auslegung sind vmbgangen / Demselbigen GOTT sey Lob Ehr vnd Danck gesaget/ der wolle vns alle mit seinem Heiligen Geist / regieren/

HErrn / das wir alle diese Verheissungen an vns wircklich befinden/
A M E N.

Dreßden bey Gimel
Bergen/ 1580.

www.ingramcontent.com/pod-product-compliance
Lightning Source LLC
Chambersburg PA
CBHW031341230426
43670CB00006B/407